趙郁文 著

我這樣教出基測滿分的孩子

前言

基測滿分之後……

九十八年第一次高中基測放榜單上，我大女兒趙以琳的成績是四一二分，滿分！雖然不意外，全家還是非常高興。我提醒家人，只要高興一個晚上就好，畢竟這只是她人生中可以作爲紀念的里程碑之一。

不過，接踵而來的恭賀還是持續了很長一段時間，也就是在這期間，我開始想：「身爲以琳的父母，我們到底做了什麼？」

在別人眼中，我們一定做對了什麼，讓以琳成爲一個如此「優秀」的孩子。

其實，以琳這次的基測表現早在我們的預期中，因爲在此之前小ㄚ頭就已做好「萬全準備」，並且經過校內外各樣的測試，我們對於她的學業成績已相當「放心」。在還沒有意識以及發掘出所謂的「特殊教養方法」之前，對我們做父母的而言，除了感恩之外，以琳滿分通過基測談不上什麼所謂的「成就」。

只是，我們怎麼也沒想到，大家對我們的「放心」產生了絕大的興趣。這樣一件我們視爲普通的事件，引發了周遭好友、許多不相識父母的欣羨，更形成一件「探索式」的討論議題。一位朋友的賀喜之詞甚至是：「不是每個父母，都能有一位『小綠綠』女兒；而且能以『滿分榜首』資格穿上綠制服，更是可喜可賀！」

於是，以琳開始被邀約接受採訪，她的讀書方法與照片登上報章雜誌與網路新聞，也因此隨之而來更多的祝賀電話與email。歸納一下親朋好友的詢問以及相關單位邀約的演講中，大家最常問的問題是：

「以琳是怎麼唸書的？有什麼特殊技巧嗎？」

「到底要如何準備基測？」

「請問父母怎麼教育如此優秀的女兒？」

此外，有不少人將以琳的「優秀」成就下了定義：

「因爲父母那麼優秀，爸爸是博士，媽媽是碩士，兩人的聰明才智當然會遺傳給孩子。」

優秀會遺傳嗎？這引起我們的思考。當基因不是唯一答案時，優秀的眞正成因又是什麼？

於是，我開始回想自己的成長與學習背景；同時也開始回顧，以琳從國小五年級到國中三年這五年之間的成長與學習，企圖從中找到這個問題的答案。

Contents〔目錄〕

PART 003
發揮專業的教養力

「媽媽」篇

「爸爸」篇

「孩子」篇

PART 004

為什麼非前進資優班不可？

PART 005

如何扎根基測關鍵戰？

PART 006

成為優秀的必要條件

PART 007

生命的禮物

PART 001

如果優秀成為一種習慣？

如果我的三個女兒問我：

「爸爸，你希望我成為怎樣的人？」

我的回答必然是：「做一個優秀的人！」

這樣的「人」，標準是什麼呢？

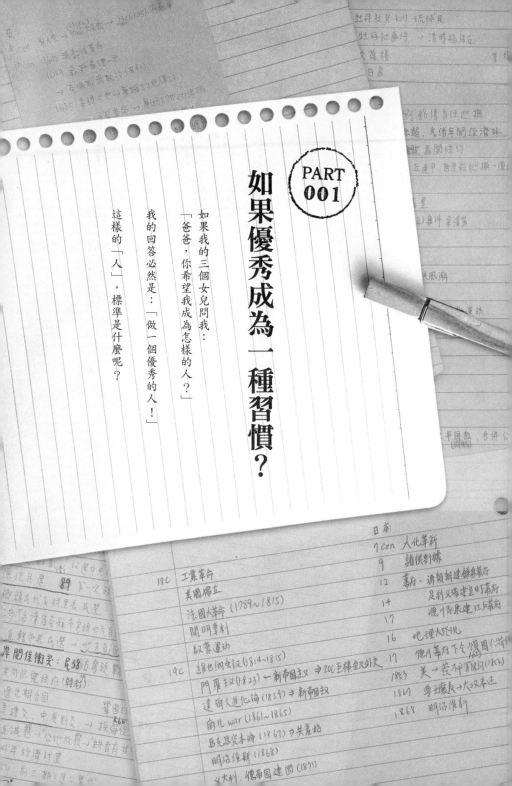

1 不要再有遺憾

身爲外省第二代，我的成長背景可以說是很多中年人的縮影。跟隨軍隊來台灣的父親，背負家破人亡的歷史悲情，因爲厭倦軍旅，自小期待我認眞讀書、脫離貧困，並且出人頭地。

父親是一位不苟言笑的北方大漢，堅毅挺拔卻讓人有點難以親近。幼時對他的記憶停格在夏夜的眷村絲瓜棚下，坐在他大腿上「盪鞦韆」。當時心目中的父親是一塊岩石、一個巨人，但這個巨石卻在我小學二年級時一夕間因爲中風而崩塌了！

當時父親正因任務需求必須調職離家，加上自力修補老舊眷舍而體力透支，就這樣，一個曾經是軍中籃球中鋒選手的中校軍官，在他四十歲即將升任上校的盛年，砰然倒下。這是我們第一次知道有高血壓這樣的怪物，足以吞噬一個健壯的巨人。

喜愛唱歌跳舞、生性樂觀的母親，把一生幸福寄託於父親。但就在生下妹妹的時候，家中的支柱一夕崩塌，母親必須把三個小孩託付鄰居照顧，自己獨自帶著半身不遂的父親四處求醫，也開始到附近工廠打工維持家計。

自從父親病倒之後，雖然身處貧病，但是父母親努力要建立一個幸福家庭的心志，卻是我篤信不疑的；他們雖偶有溝通的問題，但彼此是眞心相愛的，而且這樣的愛更擴及到孩子身上，讓我們雖然在言語上沒有被父母的愛澆灌，但在心理與感覺上，卻仍然覺得充滿愛，因而對他們的管教也毫無怨言，努力達到他們的期望。

我記得很清楚，上了國中之後中風的父親每天爲我送便當，我親眼看他用唯一能動的右手幫我處理便當盒，常常把手割傷流血，或把飯菜打翻。

我知道，父親其實是非常以我爲榮的。他常常在朋友面前誇讚我的考試成績，至今我還記得他那龐大身軀與嚴肅表情下，嘴角抿出的一抹得意，但當時這常弄得我有點糗。彆扭的自尊心，讓我不太願意與行動不便的他靠近，更不願讓我的同學知道我有一個半身不遂的「秘雕」父親；每次上街買菜，他因爲行動不便，總要我幫他提菜籃，但我和他一定會保持一段距離，因爲好幾次我都聽到有人用台語罵他

「老芋仔」或「跛腳」，雖然我還是很愛他，但正値青春期，莫名自尊心作祟的我，怎麼能成熟到包容這場面呢？

有一次月考我考了六百分，他答應買禮物送我，我也獅子大開口向他要一支乒乓球拍（當時我想進校隊，每天和朋友廝殺乒乓），當他買了一支價值四十元的昂貴球拍，興匆匆走進學校要給我一個驚喜時，我一看見他一拐一拐的身影，就一個箭步衝向前去，拿了拍子連謝謝都沒說，轉身就回到教室。因爲這是他第一次出現在我同學面前，事後同學帶著狐疑的眼神問我他是誰時，我竟然回答：「一個鄰居。」

這件插曲，是我愧對父親一輩子的痛！

而對於父親，我最大的遺憾發生在高中聯考前半年。

當時正好是我十五歲生日，父親要幫我買籃球，可是卻買了較小的少年籃球，我很不滿連連抱怨，他又跑了一趟幫我換成標準籃球。可能因爲往返兩趟過於勞累加上天冷，當天晚上他第二次腦溢血被送進加護病房。

父親在急救一週後，醫生宣佈無效，我生平第一次抱著父親，在他耳旁輕聲說：「爸！我愛你！」

然後親手拔除父親的呼吸器……

我不斷問著自己，爲什麼與他相處的十五年中，我未曾在他清醒時抱著他，對他說「爸，我愛你」？爲什麼我不敢在同學面前承認他是我的父親？爲什麼我只想到自己？

父親的離去，讓我在心理上一夕之間由男孩變成男人，也讓我對家人相聚與親情表達有了刻骨銘心的體悟。

2 唸書第一名，賭博也第一名？

在我成長的年代，大部分的眷村家庭都一樣窮，因爲窮，家家想辦法節省開支度日；因爲窮，孩子沒有多餘的零用錢，於是往往就「窮則變」，我們因而學會一些牟取微薄利潤的行當。

在幼小心靈中，這些賺錢與遊戲的方法，都是我們群體生活重要的一部分。例如，從垃圾場或街上撿些有變賣價值的廢銅爛鐵，或到村子周遭的果園、菜園、河流中「借」些物資來加菜。甚至，那時候一天裡最開心的事，是鄰居間分享的剩菜剩飯，只要有衣有食，一切盡皆美好。

我們也常常參與一些可以賺點小錢的交易或遊戲，不過，這些活動其實是介於玩樂與賭博之間，不小心就會變成壞習慣。放學回家，書包一扔就溜出去是常態，當時沒有什麼下課後的休閒娛樂，沒有電玩與網路，連電視也很少。但沒有人願意待在家裡，大家在村裡的各角落大玩「有害」活動。

國小時期我非常喜歡玩紙牌、打彈珠、賭郵票這些活動，甚至是到了沉溺的地步。

有一次，與村中朋友賭郵票，對方輸了欠我許多郵票，我上門追討，他的姊姊很生氣地買了一堆郵票還給我，卻因爲認識老師而到學校告我狀。導師知道後找我訓話說：「你在學校唸書第一名，回家賭博也是第一名嗎？」這句話，深深地傷害了我的自尊。

又一次，我瘋狂愛上賣「抽抽樂」，賣了不但能賺個兩三塊錢，剩下的獎品還可以自己享受。於是經常在村裡晃來晃去找人來買抽抽樂，卻因此荒廢了學業。當成績一下子摔到班上十名之外，母親把我毒打一頓，然後撂下一句話：「如果你現在只想到要賺這些蠅頭小利，成績一定會一落千丈！」當時，**「一落千丈」**這個成語就在我腦子裡轟然作響了好幾天。

國小二年級時，中風後的父親被迫退役，由威風的健壯軍官貶抑到勉爲其難的「家庭煮夫」，自此他更沉默了。只有在巷口與朋友批評時事時，偶爾看得到他意氣風發的神色。回到家中，面對在工廠打工受盡委屈的母親，原本恩愛的雙方脾氣難免失控，爭執也就時而爆發，甚至波及到孩子。我們小時候被鞭打、責罵、罰站、罰跪、禁足都是家常便飯。

不知怎地，當時被狠狠修理，或被罵得狗血淋頭時，心中也沒有怨毒，毫無怨言，會坦然接受。大概因爲在貧困的家境下，很早便感受人情冷暖，即使當時年幼懵懂，性格卻比較早熟，能夠了解父母的苦，覺得他們都是爲我們好。

有趣的是，我們會認爲「被修理」好像是一件天經地義的事，甚至有點像親子間的「遊戲」，反正擦乾眼淚之後，又開始玩耍。

3 轉學契機

成長時期，父母沒有一直緊盯我的課業，只要求我「功課做完後才能玩」。

因爲家裡沒錢，當然也沒有資源給兒女做任何的補習或才藝培養，不過，父親喜歡教年幼的我背詩詞古文，因爲他自己曾上過幾年的私塾。

我的功課向來還不錯，國語文方面的表現更是突出，常常代表班上參加作文比賽獲得名次。有了古文的基礎，又因爲出身外省家庭，國語發音比較標準，中年級時，自然又成爲班上的演講代表。

這個「榮譽」讓父親大喜，爲了比賽，父親經常特地找空閒訓練我，把我帶到四下無人的甘蔗田中，要我背稿子、練技巧，對著他大聲演講。

五年級開始，導師決定訓練我成爲學校的演講選手，帶著我南征北討，最好成績拿到高雄市演講比賽第三名，在鄉下學校的我因此大大出了鋒頭，也開始得到一些親友的誇獎和讚美。老一輩的長輩，並不習於用言辭稱讚，也遵循傳統上不願自誇的謙虛態度來看待孩子的成就。但他們對我的表現覺得與有榮焉，這是我感受得到的。

雖然，父母平日無法教導我的課業，但從眼神與行動中，我深知，他們希望我考上雄中與台大，那是我們村中小孩不敢奢求的「成就」，所以，大人們的肯定，對年幼的我意義非凡。

「雄中是一所很好的學校，是台灣很著名的高中，老師和教學設施都很齊全，你如果可以考上，應該就有機會考上台大。」、「台大是台灣最高學府，考上了可會讓我們趙家光宗耀祖的。」父親不斷地告訴我這些學校有多好。

而且，父親也說要存錢讓我出國深造，對成績好的我而言追求更高的學業成就自小就像是一種「致命吸引力」。

就這樣，我耳裡常常聽著父親的激勵，眼裡看著牆上月曆的外國精采風景，時常幻想著將來出國唸書的情境……

求好心切的父親，還爲了我的數學老是沒有滿分，三番兩次到就讀的國中找最關心我的數學老師，討論該如何改善我的狀況。又堅持在國三時把我轉到左營的大義國中，只因爲原來就讀的楠梓國中前一屆只考了兩個雄中！

當時，我已經是楠梓國中的模範生，校長、老師、同學都很捨不得我，百般阻撓希望我別轉學，但父親的北方漢子脾氣一來，不惜在學校與校長大吵一架，終於轉學成功。

父親想盡辦法，把我轉到同區升學率最高的學校，結果還眞的很有效，讓離開小池塘的我，受到環境的刺激更加努力，竟然在轉學後的第一次模擬考，考了那所明星國中全年級第一名！

一年後，我以全校最高分的成績考上雄中。三年後，我隻身來到台北就讀於台大。

4 一切要靠自己

自此，我的優秀展現在求學之路上，一直維持高度成功的前進步伐。從雄中、台大商學系、政大企研所，到教育部公費碩士後留歐，最後取得嚮往的學位──英國倫敦大學的國際企管博士。

不單單學業路上一帆風順，日後我在工作歷程上，雖然還談不上功成名就，但也不斷追求自我突破，努力向上。

大學開始我便兼家教，與教授做研究計畫，四年裡的生計全是自己一手賺來。在馬祖服役時，財務官兼做銀行業務（台銀通匯），讓我退伍後累積了二十幾萬存款。政大企研所畢業後，我順利進入證交所，取得第一份年薪百萬的工作。三個月後，我放棄高薪穩定的工作，投身當時剛萌芽的創投產業，也親身經歷證券商開放時的資本市場。

一九九二年，因緣際會考上教育部公費赴英攻讀國際企管，與新婚妻子共赴倫敦展開人生新頁。

三年半後，帶著不減反增的財富、一個博士外加一個碩士學位、滿滿的人生記憶與友誼，以及　上帝送給我們最寶貴的產業—以琳，我們「兩口出國，三口回國」。回國後，在剛創校的國立東華大學任教四年，取得副教授資格；二〇〇〇年轉換跑道重回創投界，任職於裕隆集團旗下創投管理公司副總兼合夥人八年，最後決定集資收購公司，成爲經營事業的創業家。

這些，都是父母在日常生活中點點滴滴帶給我的影響，尤其是父親，他的承擔與努力成爲我向上的榜樣，他的高期待更成爲我突破的動力。

許多時候，雖然父母從沒機會教導我如何做一個丈夫與父親，但幼時對父親的印象，卻還是深深烙印在心版上，不知不覺中成爲我的參考指引，影響了我的教養觀念。

在精神上，父母給我們愛，雖然沒有親自教我功課或陪我唸書，但卻把他們的價值、品格、觀念遺傳給我們。

從父母身上，我學到感恩、謙卑、努力、誠實、堅韌，也深信一切要靠自己，不能期待、更不能虧欠別人。

「一切要靠自己」，父親教我熟讀古文詩書，教我一遍又一遍練習演講；教我要把自己放在最競爭的環境中，抱著「孤臣孽子」的奮鬥意志，把潛力完全發揮出來。

「不能期待、更不能虧欠別人」，於是，他教我一定要自我期許。他用行爲表達—非轉到升學率高的學校不可；用言行鼓勵—希望我能保持好成績考上理想學府，一個人的前途，是掌握在自己手中的。

父母對我學業的重視，讓我在建立與管理自己的家庭時，也秉持這樣的原則：一切以家庭爲優先，學業爲重，這是我基本的價值觀。

仔細回想，要不是父親總是以那「光耀門楣」的動力催促著我努力向上，我的成就也就不會太高。**「成就感」**也許可以類比爲所謂的精神嗎啡，一旦嘗過後是很容易上癮的，而且傾向不斷追求更大、更高的成就，這是一種探索個人潛能極限的遊戲，可以應用在我們的學習、生活、家庭，甚至事業上。我的上進原動力便是來自父母的**「高期待」**，而那是以愛爲基礎的一種自我驅力。

所以說，父母以愛爲基礎的教育觀，會像基因一樣，潛移默化遺傳給子女。

5. 厭惡被人看不起

社會上對軍眷子女總有「有人混黑幫，有人躋身上流」兩極化印象，而追溯起來，大部分主因是因爲當時台灣特殊的眷村文化背景。

自成一局的眷村被隔離於當時的主流社會之外；而克難成家的眷村長輩，爲了營生，通常沒時間管教或管教不動孩子。

再加上，在眷村的小孩因爲從小就習慣集體行動，所以容易一起變壞，一起組織幫派，調皮闖禍、蹺課把妹，彼此火併時，也是驚心動魄，難以收拾。曾經，我也是其中的一分子，和同學鄰居，幹過令人咒罵的搗蛋行徑以及不可告人的壞勾當。

幹了壞事之後，因爲眷村各家多是雞犬相聞，回到家父母多半不分青紅皀白就先打罵一頓；學校老師除了眼不見爲淨，其實也鞭長莫及。因此，我們這群孩子到了青春期，就什麼都可能發生，愈大，玩的東西就越凶險：抽菸、賭博、偷竊、打架、血氣方剛混幫派層出不窮。

當我開始「變壞」的時候，涉足賭博、交上不愛唸書的朋友時，正好是我成爲學校公認模範生的階段。父親看準了我「厭惡被人看不起」的自尊個性，聰明地用他沉默的「高期待」爲我設下了「界線」，保護我不至於在充滿誘惑的環境中走上歧途。

出身自軍人家庭，耳濡目染了父親的軍事作風，我的家庭紀律要求比較一板一眼，而且在眷村艱苦的逆境中，早被激發了不服輸的心志。**在父親又慈又嚴的「高期待」教育下，培養了我的「自尊」**。

父母讓我自覺，不想丟臉就要遠離壞環境，才能救自己。

我和同期眷村孩子的人生分水嶺從國小高年級開始，愈來愈優秀的我，主動被動地與其他玩伴產生「隔離」，這提供我在青春期的一種無形保護。

在那個時代，「好學生」與「壞學生」是會被貼上標籤，而且有些涇渭分明、井水不犯河水的，青春期的我雖然也有許多流裡流氣，甚至於眞的在混流氓、搞幫派的朋友，但後來我對他們敬而遠之，他們也不太會來打擾我。「優秀」的標籤彷彿變成了一種護身符。

當我開始越來越用功，和原來混在一起的死黨與拜把兄弟，難免會開始有了距離，這情形雖然有些悲傷，但也是無奈。當他們要找我去玩樂時，因爲要讀書或準備比賽，我不得不拒絕，幾次之後，這些朋友就會悻悻然地離開，時間一久，也不免在人生路上分道揚鑣。

隨著年紀增長，我知道自己要專注的是學業上的成就，那才是我最擅長，最能得到肯定的領域，也是我追求的目標。至於那些兄弟感情、逞凶鬥狠，或爭風吃醋的年少輕狂，雖然持續發生在身邊，我卻可以置身度外，避開誤入歧途的可能陷阱。

6 如果優秀成為一種習慣

在父親身上，我看到一些缺點：不善表達、疏於溝通、有時脾氣暴躁；但我看到更多的優點，特別是「再苦都是爲了家庭、爲了孩子」這樣的核心價值。

於是，我心中逐漸形成一個優良父親的輪廓：我既要是遊戲規則設定者、家庭紀律要求者，又要能夠溝通與愛，更重要的是：相愛的親人要緊緊把握！

建立一個五口之家後，常常在我心頭的目標是：我要如何讓家中三姐妹得到我們**父母全部的愛，但不是溺愛**。

在物質上，她們的成長環境無疑要比我小時候優渥得多，但是成長過程中面對的挑戰，對父母或對她們個人而言，可能是有增無減。

在這個網路媒體充斥的商業大都市中，競爭的強度遠比我小時候鄉下的環境要更大，我和孩子們所共同面對的是一個複雜、難以控制的大環境，而學校的教育系統與制度多元，往往讓我們更無所適從。

當我開始回憶個人的成長歷史時，我發現就基因遺傳而言，以琳的基測滿分事件或她的「優秀」與我無關。

我與妻子唸書的強項都在文科，數學理化等科目是避之唯恐不及的。但以琳卻在數理上有最突出的表現，她的數理基因由何而來？

另一方面，我們都不是高智商的天才，我們的父母很平凡，家族中也從沒有天才兒童，所以可以證明我的優秀經驗絕大部分是來自父母良好的教養觀與後天的環境，而不是基因遺傳。就像所有的成就一樣，優秀沒有捷徑，更不能靠僥倖；塑造優秀的孩子需要長期的累積與養成，孩子成長過程中所有的參與者都需要付出相當的代價，也需要許多內外在環境與條件的配合。

父親給予我的「高期待」與「高自尊」以及「奮鬥意志」，灌輸到我的觀念裡，現在輪到我們來教養下一代時，這樣的價值就被「遺傳」下來。

當坊間有許多圍繞著成功教養主題的親子書，其中不少是明確地教人「如何複製郭台銘？」、「我要成爲林志玲！」、「你可以成爲馬友友！」等，可見這些「優秀」、「成功」的男女，可說是代表著目前不少父母所追求龍子與龍女的偶像。但如果我的三個女兒問我：「爸爸，你希望我成爲怎樣的人？」

我的回答必然是：**「做一個優秀的人！」**

這樣的「人」，我的標準是什麼？

這樣的「人」不是那些社會上所浮面呈現的成功偶像，而是能夠像爸爸一樣，甚至可以超越爸爸的下一代。

我想，在我過去四十八個生命年頭中所完成的，或許符合一般人眼中優秀的定義，但我只希望我的孩子像我一樣嗎？或者是超越我？

古希臘哲學家亞里斯多德曾經說過：「優秀是一種習慣。」

是的，當我的父母告訴我要有高學歷，就要先達到高標準生活指標時；當我的父母給我的高期許，讓我自己擁有了高自尊；當我把我的奮鬥意志當成我的習慣時，我的教養理念與價值觀也因此而來，循著這樣的價值地圖，我也是這樣教出基測滿分的孩子。

優秀無法遺傳，優秀需要培養，讓優秀成為自己性格上的習慣。這是我在教養上的終極目標。

PART 002

絕對可以教出優秀的孩子

維持一個能給予孩子持續影響力的環境，
孩子的生命就能得到導正，
而他們的「優秀」也就會自然顯現。

1 十歲的一封信

一封信，詳盡說明了我們對以琳一生的「高期待」，相信這也是爲她日後的「優秀自許」打下基礎。

親愛的以琳：

十年前，一個白雪紛飛的午夜，媽媽在倫敦聖瑪麗醫院生下了妳，我們清楚記得第一次看到妳時那種驕傲與滿足，在人生的黃金階段，我們將最好的基因、最多的精力遺傳給妳，妳是我們的頭生女兒，我們皇冠上最大的珠寶。我也清楚記得剛出生的妳張開雙眼，像ET般環顧四周，帶著探索的喜悅，脫離母腹，來到這個紅塵世界。當時我們就在想：小baby長大時，不知會是什麼樣子？她會有一個什麼樣的人生呢？我們向主耶穌祈求讓祂成爲妳一生的庇護與供應，所以依聖經出埃及記以色列人過紅海後，在沙漠中第一個紮營的綠洲——以琳，作爲妳的名字。是的，妳是我們的荒漠甘泉，也願耶穌成爲妳一輩子的荒漠甘泉，給妳七十二棵棕櫚樹的庇蔭，更給妳十二股水泉的供應。

轉眼間，妳已經十歲了，出落成一個亭亭玉立的小姑娘，擁有各樣的特質與美麗，我們不禁要爲妳大大感謝神，有妳作我們眼中的瞳仁、掌中的蘋果。每當在人前提起「貝貝」時，我們就散發出驕傲與滿足。在爸媽的眼中，妳是個難得的好孩子，妳的優點，特別展現在以下三點，這是我們特別滿意，也期許妳在以後的人生能繼續保持，發揚光大的。

妳的良善。

妳有一顆善良的心，很誠實也有同情心。在世間妳會遇到很多不好不對的人或事，這個社會也充滿黑白不分的灰色地帶，但我相信妳是蒙恩的「光明之子」，也願妳一生行在光明的道路上，永遠存好心、做好事，不要虧待別人。

妳的自律。

妳有專注的美德，能夠持久專心做同一件事，而且越做越好，這是一種寶貴的品格特質。在妳的生活作息，彈鋼琴、練桌球、學英文，以及課業準備上，都在在表現出這種美德。仔細想想，我們並不比別人聰明多少，唯一能夠讓我們脫穎而出的，就是持續努力而已。更重要的是，享受那種持續投入的成就感與成果，做該做的事而且樂在其中，就能成就最有意義的人生。妳長大後會開始有獨立思考的能力，也有更多選擇的自由，我們盼望妳不要追逐短期的安逸與享受，而要做長期間該做的事。記得：凡努力過的，必留下痕跡；辛勤播種的，才能歡喜收割。上帝獎賞那些爲長遠價值而持久努力的人。

妳的自省。

世上沒有十全十美的人，有缺點、做錯事沒關係，重點在多快能改正。失敗者找藉口，逃避自己的軟弱，怪罪環境或他人，永遠生活在自憐自艾中，這就是英文中罵人「loser」的眞正定義；相對的，成功者不斷追求自我改進的機會，正視自己的難處與困境，尋找各種可能的解決之道，所以他的人生能夠不斷向上提升，成爲更好的人，做出更好的事。根據我們的觀察，妳在犯錯的當時，很難立刻扭轉回來（這雖是人之常情，但還是要求改進），但是接下來妳會藉著禱告、自我反省，來逐漸改進自己的缺點。還記得那篇〈我的缺點〉的演講稿嗎？裡面的描述就是我們對妳的期許。只要有心，沒有克服不了的軟弱；願神保守妳柔軟謙卑的心，也多多仰望祂來改正自我。

十歲之後的妳已成爲一個少年人，不再是稚嫩懵懂的小baby。Teenager是人生重要的發展階段，因爲這是邁向成人的必經之路，許多人在這一階段經歷傷痛的「叛逆期」，也導致整個家庭長期的痛苦與混亂。妳是我們家第一個進入此一階段的孩子，懷著戒愼恐懼的心，如今我們陪妳一同面對青春期的考驗。像妳一樣，爸爸媽媽也是第一次面對這樣的狀況，家中有一個半大不小、要求獨立卻又無法自我負責的「小大人」，我們也需要修正對妳的態度與做法。在此，要先請求妳的體諒，如果我們有任何地方惹妳怒氣，甚至傷害到妳的感情，請權且包容我們。很多時候，我們也有自我、也會犯錯、也有情緒與自尊（妳很清楚這些「壞心眼」是如何控制人的，不是嗎？），更重要的是，爸爸媽媽有我們的情境壓力，還要面對兩個小很多的妹妹，很多事情的處理，難免無法完全站在妳的立場而面面俱到。所以，當妳不高興時，請換個角度站在對方（惹妳生氣的人）的立場上去想事理，也許妳就會較能釋懷。最重要的是，我們對妳的愛與接受，是沒有任何前提條件的，妳永遠是我們的最愛，我們的骨肉。妳永遠可以放心地告訴我們心中的話、分享妳的感覺，OK？打勾勾！

當然，在妳十歲生日之際，除了物質的禮物，我們還要送妳一些指引，也算是我們的期許或是禱告，希望妳能更上層樓，成爲神所喜悅的人：

永遠愛神愛人，學習分享的生命。

凡事盡心盡力，把結果交給上帝。

磨練寬厚人格，不計算別人的惡。

展現領袖氣質，要恩待兩個妹妹。

體貼至親尊長，成爲人生的夥伴。

靠著上帝的恩典，我們相信妳能一一做到。我們的小女兒貝貝長大了，這封信請留存下來，日後當妳有挫折，或與家人有爭執時，請妳拿出這封信來仔細讀幾次。有些道理或許不是現在的妳能體會的，但我們相信神的恩典夠妳用，等妳智慧與身量一同長成之後，對我們的般般期許當更能有所體悟。

十歲了，也許妳沒有特別的感覺，但在爲人父母的我們心中，卻是感觸良多。給妳的教導勸勉，更是在神的旨意中，願妳成爲妹妹的祝福，我們的好女兒，社會的好公民，神國的好人才。我們也會幫助妳一路走來，滿有「榮神益人」的樣式，享受神爲妳準備最豐盛的一生！

以琳，十歲生日快樂！

最愛妳的爸爸媽媽

2 這一天開始，把孩子當成大人

十歲的信是怎樣產生的？答案是來自於我們夫妻經常把正面思想與高期待投射在孩子身上，在以琳十歲生日時，我們爲她準備了一份「成年禮」。

在孩子一路成長上的鼓勵與扶持，是需要細心與創意來經營的，父母要成爲兒女成長過程中的啦啦隊長，也要適時適切地爲他們的成就「施放煙火」，與他們共享榮耀。

例如，**關心並參與他們的活動，就是給孩子一種鼓勵**！當他們有好的表現時，不吝惜地給予公開的讚美，雖然這並不代表一定要買大禮物或辦活動來慶祝，但至少要讓孩子知道父母以她爲榮。

這樣的信念，讓我們用心策劃進入「Teenager」的以琳的生日活動。

以琳十歲生日那一天，我們夫妻送給她一個特別的生日禮物—單獨邀請她到君悅飯店，宴請一頓正式的晚餐。之後，再把我們寫的充滿期許的十歲生日信函交給她。我們把進入青春期的以琳當作成人朋友一般。

信裡的字字句句都是要讓她知道，父母對她的重視、肯定與高期待。我現在還清楚地記得，當時以琳穿著美麗洋裝、滿臉興奮，還有，當她打開信紙閱讀時，臉上閃爍出一抹帶點疑惑的笑意。

以琳是我們家中孩子的「領頭羊」，我們格外地重視，於是用心設計這個生日活動。這個方式後來也成爲我們家庭的儀式之一，下面兩個妹妹非比和蕾潔也會各自度過我們細心安排的十歲生日。

數年之後，我問起以琳當時的感受。她說，剛讀那封信時有一種說不出來的壓力，有些地方看不懂，也有點奇怪。但這些年來，她一直珍藏此信，偶爾也會拿出來閱讀，我們可以感受到，其實她漸漸體會了父母對她的期許與肯定。而且，透過每天的生活互動，我們讓以琳在一個高度期待、高度支持與肯定的家庭環境中成長。

從那時到現在，由我們的言行中見證了這封信並非一時的煽情之作，我們眞心期待也相信，這是上帝賜給我們獨一無二的以琳以及兩個妹妹，也爲她們預備了最美好的人生。

3 我們的家庭習慣

爲了要讓孩子持續學習，我們特別花了許多心思在規範家庭習慣上。在教養的過程中，我們發現，其實做父母的價值觀與生活方式都會左右兒女，爲了要讓兒女有良好正確的導入，做父母的必須要約束自己，把孩子導向正軌。

我們把有共識的價值觀建立在一套「趙氏家庭習慣」上。我們家似乎每一階段都會有一種配合成員作息的生活規律，在大家的默契下形成，而且被遵守。

●習慣之一是培養藝術喜好。

我們家的孩子都愛音樂，而且學琴無怨言，爲什麼？因爲爸爸沒事就愛在家裡彈吉他、逛街時就喜歡買CD；我家的孩子都愛閱讀，因爲不但是爸爸抓到東西就讀，媽媽更是小說迷，平常的餘暇都在閱讀。

●習慣之二是固定生活作息。

我們規定孩子，回家之後先做功課，之後才是看電視、玩電腦的時間，家庭成員都一律遵守。當然，我也愛看電視、玩電腦，但爲了孩子的學習，常常也要犧牲，絕對不在不該看電視、玩電腦的時間進行這些活動。

即使自己有時候也會覺得委屈—累了一天的「老大」，難道在自己家中沒有享受一下的權利嗎？但是因著愛家人的緣故，我願意自動放棄這些權利。

●習慣之三是勞逸結合，輕鬆學習。

我們家絕對不是只要求唸書、嚴謹單調的家庭。事實上，每年寒暑假我們全家會安排出遊。平常週五晚上，全家會一起逛夜市、吃飯、有時也會看整晚的電視；

週六中午，家人常在社區電影院看電影，或利用週六到六福村等地出遊，或夫妻聯袂參加女兒們的活動；週日我們全家一起到咖啡廳共用早餐，一起去教會參加團契，只要家人在一起，任何活動都太好玩了。

此外，因爲愛熱鬧，家中也常有朋友來玩，這都會造成家庭生活上一些有趣的亮點。所以，基本上我是一個不太應酬的爸爸，因爲家裡實在太溫暖了，有「四個老婆」在家中等你，外界還有什麼誘惑呢？既是家人，就要常常在一起！

4 改寫愛的拼法

對我們而言，**教養兒女的過程是一個美好的人生經驗**。

雖說不要把焦點全然放在兒女身上，但也不要放棄享受教養兒女的責任，因爲他們的「賞味期」確實也只有短短的十幾年。

想想看，短短不到二十年的時間，看著出生時巴掌大像個瞎眼老鼠的小生命，逐漸出落得亭亭玉立，身體、心理、智力、感情與意志都逐漸與你「等量齊觀」，許多地方甚至超越自己，那眞是人生最大的成就感，也是生命裡最深的奧秘之一。

台灣的社會很忙碌，父母爲了養家活口而在外打拚，但有時想想，辛辛苦苦所爲何來，還不是爲了下一代？可是，在努力提供兒女物質豐富的過程中，絕對別忘了親子的關係與價值的傳遞，這些遠比物質的享受與遺贈更重要。而這些關係、人格、品行、價值觀的傳遞都需要持續的互動與接觸才可能發生。

兒女成長過程中的點點滴滴都需要父母的同在，越小越是如此。既然父女緣分苦短，我就非常珍惜她們每一個的成長歷程，也一定要盡可能親自參與，共同享受。

我們家的相本中，充滿以琳在英國與花蓮成長過程的許多「第一次」。第一次會像條大肥蟲自己爬行、第一次扶著沙發站起來走路、第一次探索廚房、把麵粉撒得滿頭滿臉，坐在麵盆裡自得其樂、第一次上幼幼班流著眼淚鼻涕跟在老師後面，這些記憶，我們都親眼目睹並留下紀錄。

之後是一連串的親子活動、表演、典禮，只要以琳參加的，我們都一定在場，或是加油，或是欣賞。曾經，她是我們的專注焦點，也是我們的生活重心。

老二、老三雖因回台北工作較忙碌，照片少多了，但她們姐妹大大小小的活動，我們父母都盡量參加，教會的兒童詩班獻詩，我們一定坐在對面前排，給女兒們鼓勵與肯定。參加對外比賽，我們一定接送，並且與之討論，就好像我們自己也親身參加考試一般。孩子們知道父母的重視，就會建立他們的價值觀，也會朝向父母的期待方向而發展。

若有人問我「愛」這個字的英文要如何拼，我會告訴他，**愛的英文拼法是T-I-M-E—花時間給子女，並且是有品質的時間**。把寶貴的時間花在兒女身上就是一種「捨己」，因爲時間就是生命，所以分享時間就是分享生命。

其實，父母是兒女學習上最重要的輔助性資源，因爲我們隨時都在身邊，遇到他們的問題，即便不能幫上忙，也會想辦法找到解決的方案，而且父母給兒女的建議，對這個階段的孩子很重要，可以減少他們許多摸索與疑慮。

要做一個不缺席的父母，是一種無私的捨己，是父母最寶貴的傳承，也是最具體有力之「愛的行動」。愛他，就要跟他在一起！

5 三歲之前，六歲之後的有效管教

管教是要讓孩子知道他的行爲或觀念錯誤，而其基礎則是源之於愛。

我們家是相信「棒下出孝女」的，所以幾個女兒小時候都被嚴格管教過。在她們年紀還小時，因爲「無法理喻」，因此必須用強制手段來訂出「界線」。我們甚至會動用「愛的小手」狠狠修理，但多半只用在她們人格與價值觀養成的三歲之前。六歲之後，就多半把小手束之高閣了，僅用來作形式上的「鎭家之寶」。上了小學之後，孩子們基本上就不太需要體罰，因爲體罰隨著她們身量的成長，會是越來越無效的教養工具。

對幼小的兒女而言，父母就是全部的倚靠，父母要把握這種完全信賴關係所授予的管教權威，這種關係通常也只發生在孩子青春期前，甚至更幼小的階段，這是爲什麼我們強調管教要趁早。另外，根據生理學上腦部發育的研究發現，孩子六歲之前腦部神經元的連結變化最大，超過六歲之後就逐漸定型，所以很多的價值與行爲模式，必須趁早養成。

經驗得知，管教子女要避免犯下兩種錯誤：

1·只懂得教訓，教訓後沒有附加一個愛的接納。

通常在下重手管教孩子之後，父母一定要感性地再與他們談一談，不可負氣或含怒到日落，最好要立即在兒女還在傷心狀態就進行善後的關係修補。

我與太太常在打完小手後，幫女兒們親手擦萬金油，或在嚴厲的言語斥責後，帶她們出去做一個修補性的溝通，這些都是爲了製造時機先與她們「修好」，再軟性地讓她們認錯。最後的結局往往是在親子間的一個大擁抱下，讓傷心的女兒破涕爲笑。

2．明明出於愛心，表現出來的要求卻讓兒女感到屈辱與否定。

如果父母常常拿世俗的價值觀來要求兒女，或做不恰當的比較，要求他們一定要達到某種標準、要他們成績更好、更乖巧聽話、各方面表現更優秀，無形中就會發出錯誤的訊息：如果你更好，我們才會愛你！兒女對父母的信賴感流失，父母對兒女的「感動力」也會因此而削弱了。

此外，「公平」也是子女接受管教與否的關鍵感受。當子女覺得被誤解，或是管教的理由不能被接受，被管教者自然會覺得委曲，甚至產生反抗心理；讓受教者甘心接受，是有效管教的前題，所以，「在愛心裡說誠實話」乃成爲必要，落棒之前要確認子女知道並接受爲何被處罰。

6 有自信，才有活力

我們發現，花心思培養以琳的自信心時，讓她沉浸「見賢思齊」的環境中對她的學習非常有利。

以琳第一次參加AMC 8（全美數學能力測驗八年級組）的考試是在七年級上學期時，當時她是班上極少數參加這項國際考試的孩子。抱著讓她體驗一下的心情，我們親自帶她進入考場，爲她按手禱告，然後在考完後請她上西華飯店吃大餐。當以琳如願通過這項考試時，我們全家又爲她聚餐慶祝。

七年級下學期，以琳挑戰十年級的AMC 10竟然也能通過，讓數資班同學刮目相看，也大大提升她的信心。

但沒多久，在受邀參加更高難度的AIME（註：全美數學邀請賽，參加者多爲通過AMC 10及AMC 12的頂尖學生）考試時，竟然在十五題中抱了個鴨蛋。八年級時，以琳再度越級挑戰AMC12，僥倖低空通過，又一次被邀請挑戰AIME，這次在十五題中就可以答對六題，顯示她在國二時就已經有高中三年級的一般數學實力。

因爲有這樣的成就與自信，以琳非常喜歡參加校外的競試，有的是自己報名，也常與同學相邀或組隊。

現在國中的校外活動琳琅滿目，只要有興趣，花樣不比大學少。以琳參加過的就包含華羅庚數學金盃賽、JHMC、城市盃、澳洲AMC、科奧選拔等數學競試；生科的機械獸、水火箭、全國少年科技創作競賽；其他還有國中生智慧鐵人創意競賽；管弦樂團與全國音樂比賽；以及多次校外中、英文演講比賽等等，或許也因爲她的「優秀」聲名遠播，許多學長或同學組隊時，都會特別來邀請她，這也讓以琳更有自信。

這種**「見賢思齊」的風氣，變成一種習慣**，也好像一種好玩的遊戲一般，讓這群孩子不怕挑戰更難的題目，甚至把校外考試或競賽當成一種群體郊遊，增進了同學間的情誼。

7 學習自我選擇

孩子有自己的獨立生命個性，要教養、引導他們走上正軌，首先應該要了解他們的個性。

以琳是一個自尊心強，但個性謹愼、怕在人前丟臉的孩子。因爲自尊心強，對於父母的要求與期待，她都能很好地配合，所以淑芬喜歡形容國小的她「平凡而聽話，是典型的模範生」。然而，因爲「個性謹愼、怕在人前丟臉」，我們對於她的學習方式也採用借重「環境因素」以及**「讓她有自由意志、可以自行選擇」**等方式來調整。

例如，三姐妹同樣都上英語補習班，不過以琳卻不像老二、老么那樣樂意「說」英文，而且覺得妹妹們喜歡的老師老是以「抽獎」、「猜拳」等方式來讓學生練習會話的方式很怪，所以經常會有逃避念頭。

後來，經歷過移民加拿大的那段日子後，以琳回國後卻變得非常積極去上美語課，而且勇於發言。原來她在加國看到與她同年紀的孩子，不僅會母語英文，還會法文或是西班牙文，讓她有所刺激而主動要求加強學習，也不再害怕在人前說英語。

又有一次，以琳在學琴的過程中多次產生逃避的現象，必須靠我們督促再三才會練習；身爲父親的我於是下最後通牒：「妳可以選擇不拉大提琴，學琴是妳的權利，不是義務。但並不是所有家庭都有能力與意願讓孩子上昂貴的提琴課程。」這樣的「激將法」通常奏效，因爲孩子也體會過學琴的樂趣與成就，最後還是捨不得就此放棄。

我認爲，對於所有的考試、活動、興趣、才藝，都要充分尊重青春期子女的「自由意志」，讓他們學習「選擇」，但選擇之後也要求要負責任，既然開始了就要完成，並且盡心盡力把結果交給上帝。

8 從遊戲當中產生興趣

有些教養行為，孩子並不全然懂得其背後的意義，我們也要順應他們的個性，「想辦法」讓他們「自然而然」地遵循。讓他們從排斥、偷懶，變成積極與主動。

為了讓以琳進數資班，我們希望她去補習班補強不足。一開始她不太習慣而排斥，因為此類特定補習班的學生都是各路精英，而且都有優異的數理底子，以琳覺得老是落於人後。不過，我們利用她自尊心強以及聽話的特質，特別拜託由補習班的老師好友給以琳課後輔導，並派給較多的題目作為功課。聽話的以琳於是開始默默做題目，越做越抓到訣竅，漸漸就跟上了進度。

此外，我們家也總動員，因為補習班有些解題與訓練數理能力的獨特招式，我們就把這些東西當成遊戲，與以琳一起玩。比方說，為了訓練數字敏感度，我們會在開車時，讓以琳看著旁邊車子的車牌，很快地唸出該數字的「補數」，如3756，就要立即唸出6244，因爲兩數相加可以變成第一位是1，而後面都是零的整數。

這個遊戲有點像打電動玩具，因爲路上車多，可以不斷練習，有的甚至是迎面來車，要在瞬間反應唸出一串數字，其實更是在練習眼力與心算能力；我們用搶答的方式與以琳比賽，不用多久，我們做父母的就自然地「輸」給女兒了，以琳從這樣的**遊戲中建立自信**，也開始對補習班產生興趣。

一個學期過後，她可以跟上同學；再一個學期後，她已經漸漸在考試中有好的表現；到了小六下學期時，竟然考進補習班前二十名的高希望領先群，我們都很欣慰，無論那時以琳是否會考上數資班，這個補習過程已經把她的數學提升到另一個層次，我們補習的每一分錢也都值回票價。

我認爲，父母很忌諱在孩子面前幫孩子的學習不力找藉口，還記得我前段所提的「高期待理論」嗎?這理論的反面論述也是成立的，**如果父母自己都不肯定自己，也不肯定孩子，孩子自然有許多「偷懶」的藉口**，只要幾次的失敗就會加深了這樣的認知，自此以後，「基因」、「環境」等不可抗力事件就成爲壓抑孩子一生成就的絆腳石！有些孩子甚至很早就認定「自己不是塊讀書的料」，此時，父母有責任排除這些內外在的負面思想，讓孩子保持主動學習的動機。

9 看見自己的缺點才是禮物

在教養探索過程中，我們也驗證到，在誇獎與鼓勵之前，首先還要**讓孩子面對自己的心理障礙**，例如阻止他們向前的「恐懼」與「疑惑」等負面思想。常常要鼓勵挫折時的孩子，讓他們知道其實只要當時「再撐一下」也就過關了。

我常以我個人的經驗鼓勵孩子——「一時領先其實沒那麼難，難的是不斷持續地領先。」但是只要有一次「領先」的經驗，加上周遭人的鼓勵與投射，就足以讓人相信自己可以，從「No Way」（辦不到）變成「Yes Man」（沒問題先生），**凡事**

只要常說「Yes I Can」或「Yes I Do」，很多機會就會找上你，因為當你是一個相信自己的人時，別人也就會相信你。

以琳這輩子第一次考零分是在受邀參加更高難度的AIME考試時。我可以想像，當時她在試場花了漫長的三個小時絞盡腦汁，拔頭髮、手心冒汗的情境，更可以體會最後竟以零分收場那種挫敗感。

當收到成績單時，以琳當然很落寞。這時，我們特別在她這樣的「挫折」時給予鼓勵稱讚，說她是應屆第一個七年級（國一）就通過十年級（高一）數學能力鑑定的孩子，受邀參加AIME考試已經是一種光榮，她力戰三個小時的勇氣更值得嘉許。

另外，我們其實早就「打好預防針」，因爲一出試場我們就看到她的臉色，所以我們當時就說，見識一下AIME的試題難度，明年再來挑戰！而且，也對她說，既然吃過鴨蛋，以後就再也不會有比這更差的成績了。

在培養孩子自尊自信之前，學會面對自己的挫敗相當必要。事實上，隨著孩子優秀的事蹟越來越多，可以成就越來越「偉大」的事業之後，培養優秀孩子忍受挫折的能力更形重要。而且，必須留意他們要求完美的傾向，避免成爲好勝心太強的完美主義者。

當孩子自信滿滿站上人生顛峰時，也要適時而謹慎地潑上一盆冷水，讓他們理解失敗與柔弱是正常現象，也預先為將來的失敗打預防針。

我們都遇到過太過完美主義的人，那樣的人對自己與周遭的人都造成壓力。所以，無論孩子多麼優秀，一定要告訴他：**「你並不完美，也不需要追求完美！」**要讓她知道人外有人，天外有天，更要讓她知道**「看到自己的缺點就是禮物，**就是一個改進的機緣、一個成長的機會」。

正因爲我們夠強，所以可以承受別人的批評、可以接受環境的挫折，也可以接納自己的缺失，改進後，我們就更堅強了。

10 面對驕傲問題

表現優異的人也要同時注意所謂「驕傲」的問題。

身為父母，要時時注意孩子是否有自滿傲慢的態度，一旦出現了，就需要及時地進行溝通與教導。

每次以琳有成就或好成績時，我們總是說「**高興一個晚上就好**」，而且絕對不向同學表明。因為太得意容易忘形，有時會「刺傷」失意的人。

尤其，在人際環境裡，自信的人往往是比較獨立的，因為很少依賴別人，因此具有進取心和攻擊性，但也可能缺乏同理和分享的意願。這樣的態度，通常會造成個性缺點，成為孤傲。

據我觀察，以琳在同學間其實有很好的人緣，大家只是不太服氣，這個看來迷迷糊糊、愛打瞌睡、不太認眞的女孩，為何強得這般「變態」？此時，如果以琳不經意顯現得意或輕忽的神色，就可能會變成人們眼中的「驕傲」。

有時候，不是我們自己要顯現驕傲，但在別人眼中，投射出來的可能就是驕傲的感覺。例如，以琳在個性上是一個對人不太敏感、有點害羞的女孩，走在馬路上通常不太會注意周遭的人，有幾次被同學抱怨雖然看到以琳，想打招呼，她卻沒有反應；這件事也提醒我們要教她對周遭的人、物更加敏感，主動展現善意。優秀必須伴以謙和，才不會成爲人際關係的絆腳石。

11 父母站在同一戰線

在我們對女兒的管教上，淑芬與我會形成聯盟的交叉火網，相互支援，無論如何都要挺對方到底，夫妻管教態度一致，兒女才能順服並且學到功課。

夫妻如果在兒女管教界線上有歧見，一定要先在兒女背後溝通與協調好，不可在他們面前爭執。如果媽媽如此規定，就不必問爸爸，反之亦然。

天眞的孩子其實很容易惹惱父母，尤其在父母心情不好，或有壓力的時候，某些情境下，父母難免有反應過度之時，當這種狀況發生時，無論對錯，就算是嚴重到「誤傷」孩子，配偶還是要全力支持另一半。有過幾次，我脾氣爆發，對女兒管教過當，淑芬在女兒面前還是全力相挺，不說我的不是。然後在私下對我勸告與討論，讓我知錯能改。

在孩子面前支持你的配偶，不僅是維繫父母管教權威的必要策略，更是讓孩子學到教訓的最佳方法。

當父母站在同一戰線時，兒女會把焦點放在自己錯誤改正上，而不是與管教者對抗。反之，在兒女面前吐配偶的槽或唱反調，不僅影響夫妻感情，而且被管教的子女就會把焦點放在管教者的錯誤上，覺得自己受委屈或理直氣壯，自然就喪失管教的效力。

比方說，如果媽媽規定要先吃完飯才能下餐桌，但爸爸覺得這樣的管制沒必要，面對不一致的標準，孩子就會無所適從，或從中選取自己喜歡的規則，擺脫管教。

即使有時父母雙方有人唱白臉、有人唱黑臉，或者父母個性有別，與兒女的親密程度有差距（通常爸爸疼女兒，媽媽愛兒子），讓夫妻對事情的反應與判斷不一致，但在價值觀與教養原則上，仍要採取完全一致的標準與立場，全力「防堵」孩子在其中「見縫插針」，找到不遵守父母劃定「界線」的藉口或庇護所。

在台灣傳統社會中，祖父母的介入通常會形成「管教障礙」，破壞父母管教的權威與規則的一致。所以，我們**非常不鼓勵三代同堂的管教**，因爲聖經上說：「人要離開父母，與妻子聯合，二人成爲一體。」兩代之間的教養尺度很難一致，年紀較大的祖父母通常會「賄賂」或「討好」小孫輩，管教的標準傾向較鬆，面對自己的尊長，夾在中間的父母常常無法一致性地管理小孩。

所以祖父母含飴弄孫也就夠了，若是介入父母的管教領域，甚至侵犯父母的管教職權，反而對孩子的成長與教養是不好的，許多日後不能自我負責、無法吃苦的人，在幼年時期都有被長輩「溺愛」的經驗。父母還是有一定的管教角色要扮演，**我們不必「兇」，但是要夠「嚴」**，說到做到，讓孩子自小就有紀律，且肯自我負責。

12 社會大地雷

台灣的社會環境有許多誘惑與不健康的地方，姑且稱之爲「地雷」，這些工具或現象本身並非罪惡，但濫用與沉溺則會成爲孩子邁向優秀人生的地雷或陷阱。這是爲何許多有能力的家庭，爲了兒女的教養，移民到國外，我們也不例外，曾經走上這條道路。

小時候，我們鄉下孩子的群體鬼混、賭博遊戲、爬樹、游泳、抓魚、摘水果、挖地瓜這些「地雷」，現在已不復見，取而代之的是網路交友、MSN、部落格、漫畫、電玩、轟趴等宅男宅女的現代都會地雷；這些都是會上癮的興趣，一旦養成習慣，很容易影響學習，阻礙學業。

所以，選擇留在台灣的我們，要特別注意外界環境中的幾樣地雷，別讓兒女誤觸：

動畫、漫畫等多媒體刺激

網路這個無所不包的世界

遊戲軟體與網路遊戲

群聚性的交友與聚會

電視與連續劇

這樣的地雷，大人踩到的機會也不小，許多爸爸在一天的勞累之後，回家的第一件事就是打開電視，也有父母自己耽溺於上網，置孩子的課業於不顧。大人不能以身作則，怎能要求孩子自律學習？

所以，**為了所愛的家人，為了孩子的學習，要使用合適方式，與孩子溝通，說服孩子，更要以身作則，避開惡習**。

最好的方式是，父母必須放下自己的享受，培養一些不同的嗜好或消遣。我們家都愛唸書，媽媽看愛情小說可以手不釋卷，閱讀是共通的嗜好；我也喜歡彈吉他，伴隨女兒們的鋼琴聲，總比全家一起黏在電視機前，或掛在電腦上要好多了。

年輕人一定要有興趣，也一定樂於有朋友。父母要留意青春期兒女的興趣在哪裡？友伴又是哪些人？我們有必要引導孩子，把時間精力投入在可以讓他們身心靈更健壯的活動之中，也要鼓勵他們與優秀的朋友相交，避開那些觀念偏差、習慣不良的朋友。

進入叛逆的青春期階段，孩子很容易會陷入某種父母不接受的「沉迷」，有人迷漫畫、有人迷網咖、有人迷「同人誌」、有人奇裝異服，或天天與父母不喜歡的朋友混在一起；其實這是一段自我認同的階段，爲了要形成「自我」、展現獨立，孩子不惜用「唱反調」的方式來強調自己的主體意識。

當我們年輕時，不也經歷過這些青澀階段嗎？我們抽菸、蹺課、留長頭髮、穿緊身的校服、躲教官，與朋友鬼混等等，其實背後的動機是一樣的，只是，那時的青春期來得比較晚，而現在因爲社會的變遷，加上多媒體的刺激，一般女生在國小高年級，而男生在國中低年級就會進入這樣的狀態。

遇到這樣的陷阱與對立，父母不必抓狂，更毋須與兒女反目，但要警醒把兒女的注意力導向比較健康的方向，迷運動、迷音樂、迷閱讀、迷旅遊，甚至迷考試與比賽等等，都是可以取代上述負面活動的，但父母必須與兒女一起建立親情，也要與兒女一同經歷。

此外，這個時候的孩子，**真正需要的是「認同」與「肯定」**，因爲這是形成「自我」的根基。

讓孩子去清楚理解「我是什麼？我有何價值？」

教導孩子認定自己是一個好學生、乖孩子，他們的行爲不會脫軌太多；認定自己是不被接納、被放棄的角色，他們就會去找能肯定自我的群體，而後續的問題，也就可能由這個「人生小小的岔路」，演變成日後更大的差距，甚至不可收拾。

13 青春期的溝通方式

我們做父母的常自以爲對兒女付出了許多，但事實上可能用了錯誤的表達方式，致使兒女無法接受到父母的愛，或者是父母自以爲管教並無過當，要求標準也很寬鬆，但兒女就是不能接受管束。這種現象可能是自小放鬆的累積結果，讓青春期的孩子更加不能接受多一點的約束。所以，我們家強調管教要趁早，國中以前是最好的時機。

孩子在國中階段，青澀的判斷力與自制力都尙未成熟，很容易因爲社會環境引誘或交友偏差，陷入一些不可自拔的試探。在這個階段，做父母的要特別關注這些青春期的家庭成員，但在干涉的方法與時機上又要拿捏好分寸。

最重要的是，別讓正在發展自我、有叛逆傾向的大孩子覺得不受尊重，感覺家中缺乏愛，甚至只有紀律。這樣，等於是斷絕了親子溝通的大門，也可能因此把孩子往外面推，他會覺得在外面被接受，又不必受紀律的約束而不願意回家或與父母溝通。

所以，我認為與青春期的兒女直接衝突是一種不智的舉動，有時「點到即可」的提醒反而較有效果，也要善用「欲擒故縱」、「以退為進」的手法。

事實上，愛與紀律是父母管教天平的兩端，若是父母能將愛付出多一些，相對地在要求、管教與紀律的強度上就可以提高一些；反之，若是兒女的愛箱空空，父母在兒女心中「愛的帳戶」已經是存款不足，還要大力提款，用強硬的紀律來約束必然招致兒女反彈，輕則口角反抗，重則離家出走。

另外，要提醒的一點是，**愛與紀律的存量與強度不是由父母決定，而是在於兒**

女的認知，要從兒女的角度與立場來判定，許多父母在這件事上犯了自我認知的錯誤，只是從自己的觀點來看事情，處理的方式也沒有考慮到兒女的狀態，衝突對立也就難免發生。

有些自小「弗受繩尺」的孩子，稍稍長成之後，其心性就如脫韁野馬般，到了青春期更難導正，到了這個地步父母師長就要花加倍的努力才能改變孩子，而其結果也很難預期。只有爲他禱告希望他成熟後自己能想通，過程中也不要遭到凶險或誤入歧途。

14 絕對可以教出優秀的孩子

從三個女兒的教養經驗中，我們發現優秀確實是教養出來的。但這個「教養」

任務的重點，不在於給孩子很多的訓練、課程與學習，這些都只是表象，是見樹不見林的治標之道而已。考試滿分又如何？學會某項技藝又如何？我們認爲，重點應該是「改造孩子的生命」，讓孩子成爲一個具有「優秀特質」的人。

這方面聖經上所說，屬靈的果子可以作爲目標：仁愛、喜樂、和平、忍耐、恩慈、良善、信實、溫柔、節制；具有這些特質的人，做父母的一輩子不用爲他操心。

至於要如何改造生命？就應該從營造他們的環境著手，「父母」是兒女生長環境中的重要角色，而「家庭」更是孩子生長中最密切、影響力也最大的環境。

所以，爲人父母最重要的教養策略，就是爲兒女維持一個優良的家庭環境，因爲有什麼樣的環境，就會塑造什麼樣的人生；在《蒲公英》月刊中曾有這麼一段小詩，貼切地呼應了上述「環境造就論」的觀點：

讓孩子在鼓勵中成長，他們就學會自信。

讓孩子在容讓中成長，他們就學會忍耐。

讓孩子在讚美中成長，他們就學會欣賞。
讓孩子在支持中成長，他們就學會喜歡自己。
讓孩子在接納中成長，他們就學會去愛別人。
讓孩子在分享中成長，他們就學會慷慨。
讓孩子在真實中成長，他們就學會誠實。
讓孩子在仁慈體諒中成長，他們就學會彼此尊重。
讓孩子在安全中成長，他們就學會信任自己和他人。
讓孩子在友善中成長，他們就學會世界的美好。

最後，別忘記讓孩子在愛中成長，因為愛能統攝一切！

我們家的教養方式便是依照聖經原則，維持一個能給予孩子持續影響力的環境，久而久之，孩子的生命就能得到導正，而他們的「優秀」就會自然顯現。

「教導孩童，使他走當行的道，就是到老他也不偏離。」聖經箴言的教導，讓我們知道幼時教育的一生果效，家庭教育更要趁早。

15 放孩子高飛吧

隨著孩子年齡的成長，父母的角色就要從**「主導者」**變成**「指導者」**，甚至漸漸變成**「旁觀者」**與**「代禱祝福者」**。

有些父母對孩子太過「執著」，所有的心思意念都放在孩子身上。但是，隨著孩子的成長，他們的主體性與獨立性會逐漸凸顯，此時，過分的關心反而成爲親子關係的負擔，甚至成爲爭執的引爆點。

解決之道是，父母必須認識到任何家庭都有必經的「生命週期」，滿巢期過後就會進入空巢期，現代父母要摒棄「養兒防老」的傳統教養觀念，承認孩子畢竟會長大，也可能會離巢的，所以不需要把關注的焦點持續放在孩子身上，特別是青春期之後的孩子。

有趣的是，如果父母不再強力介入兒女的人生決策，越是能放手放心，而且仍然持續關心、支持孩子，往往與子女的關係越緊密，子女對父母的意見也更容易接納與尊重。這樣的微妙關係，有點「欲擒故縱」的味道。

對孩子放手之後，可以把關注的焦點放在配偶身上，因爲畢竟這才是你人生的另一半，也是你最應該掌握，與你攜手走一生的伴侶。

把一切希望、期許與掌控都加諸在兒女身上的父母，非但給兒女太大的壓力，也造成空巢期後夫妻之間頓失生活重心，彼此成爲「married singles」的怨偶，環顧四周，這樣的家庭還眞不少呢！

聰明的父母懂得未雨綢繆，預先給子女正確的價值與觀念，轉化他們的人生觀，這才是最不著痕跡的「介入」，日後這些人生觀也會成爲他們最可貴的遺產。

PART 003

發揮專業的教養力

孩子最需要的是什麼？

對他們而言，父母可以做到真正的幫助是什麼？

【媽媽篇】

1 全職媽媽越當越有趣

我和先生是在教會中決定婚姻的，共結連理已經超過二十個年頭了。剛有小孩時，家庭生活起了很大的變化，我們這對新手爸媽不免手忙腳亂，因此，爲了建立完整的教養家庭，我決定全心全意當個專職媽媽，以家庭爲職場，以家管爲事業。

有人總會惋惜，以我的學歷與能力，在工作領域的成就一定有機會非同小可。然而，我不這樣想。我認爲，選擇當專職媽媽是一件令人非常開心的事，**因為不是只有「工作」才是所謂的「產業」**，教養孩子更是一件不可多得的自家產業，如果把這產業交給別人經營，等於甘心把這樣的寶貴機會交給別人，多麼可惜！

此外，我也覺得親自陪伴孩子成長，也能夠將最珍貴的福音傳授給孩子。在教會多年，我深深了解，對人傳福音、讓別人可以心領神會是非常難的一件事，而孩子天天在跟前，他們可以完整地承接父母所給予的福音，多麼幸福！

還有，自己在家帶孩子是「理智又精打細算」的做法。我們有三個女兒，以規模經濟計算，自己一個人可以照顧三個，若是找人來照顧，恐怕要花費的金錢會更多，精神上說不定也省事不了。不過，我們都知道專職媽媽其實與一般工作不同，它不是眞正的職業，而是一件任重而道遠的擔子，過程雖可以說是很艱辛，卻是「甜蜜的負擔」。

剛開始當全職媽媽時，身旁沒有同事，也沒有經驗，一切全憑自己臨場實戰，有時候想起來，像是一件可怕而容易有挫折感的差事。尤其，先生在外如火如荼地忙著工作時，教養任務必須一肩擔起。所幸，後來我在懷恩堂的媽媽讀書會中找到了教育方法上的支援，更重要的是，無論何時，先生總是大力支持我。

我發現，如果說先生教養孩子是「指導者」的角色，我就是盡職的「協助執行者」，而且還有著「目標導向，高效執行」的執行效率，這大概是我天性使然。

我的原則是「持家就像經營公司，經營得好不好端看妳有沒有用心經營！」所以，多年來在生活中還「研發」了不少對孩子的教養方法，這也讓我的全職媽媽越當越有趣。

2 不懂就問，能學就學

當全職媽媽是一件不簡單的事，最初的我多半是在懵懂摸索期，身邊也沒有相似經驗的人可以諮詢，總覺得孤單。直到參加了教會的媽媽讀書會，對於孩子的教養方式可說是有了大躍進！

媽媽讀書會是由一群全職媽媽們自發組成，當初成立的宗旨是因爲大家的孩子年紀相仿，所面臨的教養問題也很雷同，因此組織這樣的團體來互相幫助。這個讀書會讓我受益匪淺，感覺在教養的過程中再也不孤單，而且有成功者經驗的傳授與技巧說明，重要程度可說等於是我家三個女兒的養育恩師了。

回想剛加入讀書會時，聽見有人提出「我們家的孩子是不是特別笨？爲什麼都教不會？」心裡像被打了強心針，因爲發現大家的問題「原來都一樣！」同樣階段的孩子都面臨相同的困擾。可喜的是，在讀書會裡，經由閱讀教養專書、互相討論、彼此交流，多半都能獲得解惑，至少也能得到安慰。我從中學得如何安排孩子的暑假生活，並吸取「平時週間一定是唸書與學習的時間，週末週日才是遊樂休閒時間」的觀念，從而在家裡如何塑造優良的學習環境，奠定了我家三個女兒良好的學習習慣。

此外，因爲每週都要討論一到兩本的教養相關書籍，我養成吸取專業教養知識的習慣，讀畢的教養書會拿給先生讀，我們再一起臨摹與溝通，找出最適合我家小孩的方式再加以使用。還有，我學到了到圖書館，不僅可以借大人需要的書閱讀，還可以選擇優良的兒童讀物，間接地培養了孩子們越來越喜歡閱讀……這些好處眞是受用無窮。

我的個性是遇到問題，不懂的就問，也喜歡別人提問，所以在讀書會上我總是好發問者，不斷地丟出問題。

讀書會中，有經驗的媽媽總會熱心提供問題的解決之道，聽了我馬上就學，學會了、有了成功經驗，就分享給大家。除了生活安排，我還學會了下述功課：

學習中的陪伴。父母在孩子學習過程中，陪伴是最重要的部份，孩子唸書是爸媽的責任，至少國小高年級以前不能放手，要耐心陪孩子走上軌道。

他律自律。小學四年級前孩子們屬他律，學習需要父母牽著他們的手來學習；小五以後，漸漸可以成為自律，但父母仍須在旁陪伴、觀察。

孩子教養不是母親一人的責任，而是父母雙方彼此的責任。爸爸的支持與指導其重要性不下於媽媽的執行，教養孩子可不能「男主外，女主內」，讓媽媽唱獨腳戲。

彼此經驗的分享及互相打氣鼓勵。教養孩子會挫折及傷心，有朋友在旁支持及幫助很重要，讓我們不致失望，有必要與其他夫妻建立「支持性的群體」，讓自己不氣餒，也少走許多冤枉路。

如何當媽媽及如何做妻子。這些是學校沒教的事，利用閱讀相關書籍，與其他夫妻交流互動，來彼此學習，要成爲一個好媽媽，先要做一個好妻子。

當然，在讀書會上，也遇及人際方面的課題。因爲個性樂於分享，我有時會興奮地讚美自家以琳的乖巧、聰明以及好成績，初衷只是單純地分享在讀書會所獲得的效益。然而，事實上，有時候這樣的順遂經歷，卻可能刺傷還沒解決孩子學習困擾的家長。明白如此情況之後，我立即反省與改善，而且也學到了「不要在失意的人面前說自己的得意」以及「失敗的例子反而更可以幫助別人」的人生經驗。

3 暑假生活巧安排

「**生活要安排**」這個技巧是從讀書會學習而來，我最要感謝教導我的讀書會媽媽朋友，要不是她們的提醒，我可能還不知道如何奠定孩子的讀書習慣。

以琳小一暑假時，我希望把握「語文越小開始學習越好」的機會，打算帶她出國學英文。當我把這想法在讀書會分享時，一位好友媽媽提出了她的建議，並分享了她在孩子暑假時候「巧安排」所收到的教育效益。

她說明，暑假生活還是要預先安排，不能因放假就閑散，因此孩子的學習計劃不能因放假而中斷，而暑假生活的課表就必須由媽媽來費心了，須根據孩子的個人情況，規劃出媽媽及孩子的日常作息表以及寒、暑假活動計劃。課表出爐了，不論是大人或孩子都照表操課，這樣做的目的是不浪費時間，讓生活有目標及學習有方法，當然假期的課表必須有趣多元，不必強調正式課業，讓孩子輕鬆但有規律。

與先生商量之後，決定按照實行，一段時日之後，效果十分顯著，這樣的做法實在太棒了！媽媽輕鬆，孩子快樂又充實。

課表的安排上，有幾個事項須特別注意，以免功虧一簣。

一是課表的內容要鬆緊有度。

二是執行上要有彈性。

三是盡量不能有特例。

四是有妙方對付孩子抗議。

五是生活要安排（不論是大人或孩子）。

這個教養方法的秘訣在於：暑假雖看似假期，但有時候也會讓學習中的親子覺得慌亂，因爲平日一向爲上學忙碌，一下子不知道沒有課要上的日子要做什麼？而媽媽規劃出課表就不一樣了，生活便有了方向，而且還能兼顧暑假的學校作業，按份量平均完成，不必在暑假末期才拚命趕工。媽媽也可把孩子要學的才藝如英語、運動、鋼琴等排進課表，過了一個暑假，孩子也學會了。

4 我是孩子的好朋友

我覺得在教養過程中有個很重要的環節，一定不要忽視，那就是要陪伴孩子走過成長的每個階段，每天和他們在一起像朋友般相處。這種方式可以避免孩子當父母不在身邊時，還能夠知道他們的想法與在外面做了什麼事，大有「防患於未然」的效果。

常聽到一些父母無奈地說起：往往不知道自己的子女上學的時候發生了什麼事？是不是被欺負不敢說？還是有了什麼樣的「危險心靈」？這些問題他們都無從得知，因爲孩子幾乎不與父母溝通。

要理解的是，我們對孩子呵護備至，可是有時候，他們在學校受了傷害卻不敢告訴父母，因爲他們不想讓同學譏笑，卻隨眾做了奇怪或傷害一生的壞事，這對孩子的未來影響實在很大，所以一定要學會如何讓孩子跟你說話。

最好的辦法就是一開始就要像朋友一樣關心孩子，那麼他們自然會向父母傾訴一切，而父母也會得知孩子和朋友之間在做些什麼。

所以父母必須當子女的朋友。在幼小時期，父母就是他們所能擁有的最好的朋友了，尤其是在孩子長大成人以前，其實他們只要有父母當好朋友就夠了，要成爲他們的帶路人。當然他們也會有其他的朋友，不過他們年紀都一樣小，懂得不多，只能是同伴，談不上是眞正能作人生指引的朋友。

那麼，如何增進親子關係？我有幾個訣竅分享：

多配合、參與孩子的活動。把孩子的活動當成全家的優先次序。例如：戶外教學，以琳七年級的陽明山二子坪之旅、八年級的基隆一日遊、九年級的花蓮之旅三日遊等等，我們家都是當成全家的家庭出遊，全體出動陪伴。

找小塊、零碎的時間互動。例如：每晚以琳洗澡時與媽媽在廁所聊天（放鬆又沒壓力）、睡前以琳的撒嬌（抓背及按摩），母女倆的閒聊，從芝麻綠豆大的小事，建立彼此信任、依賴的關係。

晚餐時的交談。每天全家一起吃飯及分享學校發生的大小事。

偶爾全家出外聚餐。例行性的每週逛夜市活動，或三不五時的全家外出晚餐自然產生輕鬆的氣氛、閒聊與互動。

週日早上主日學前的早餐，以及週日晚上的家庭崇拜。全家分享一週的大事及自己的軟弱，或需要代禱的事項，這些都成爲全家例行的活動，有助溝通。

全家一起講話、開玩笑，形成互動親密的家庭氣氛。常常一起從事活動，這樣可以加大親人互動的時機與力度，有好東西都留給家人一起分享。

5 如何為另一半說話

如果說以琳的基測滿分是個成功教養的例子，我認爲這很大一部分要歸功於郁文的用心指導！我則是個執行者，作爲協助、協調的功能居多。不過「指導者」的角色，有時候會被誤解，而且吃力不討好。這時媽媽就要站出來，爲爸爸說話作爲緩衝。

舉例來說，以琳國三時在一次家庭崇拜中，郁文對她特別強調做人做事要「體貼別人，多爲他人著想」。也許是當時他的表情嚴肅、口氣稍爲嚴厲，讓以琳覺得是在指責她，而感到很受傷，當場立即落淚，事後又在隔天學校聯絡簿的分享欄裡，寫了一些埋怨的文字，甚至用了「恨死那個人」這樣強烈的字句。當郁文無意中發現後，感覺好像挨了一記悶雷，心中非常難過，甚至難以置信！

我了解郁文想要質問以琳這件事，又怕破壞父女感情；但不弄清楚的話，心中又百般難受、充滿疑問，於是我便私下找以琳做溝通了解。

原來以琳把父親當時的提醒與教導當成「批評」，而她自認自己不是這樣的人，所以覺得很委屈，且越想越生氣才會產生怨懟。

了解原委後，我告訴以琳，必須了解爸爸並非指責她，只是希望她「可以做得更好」。以琳事後也明白爸爸的用心，最後也就與爸爸和好。

以琳也提到，在與最好的同學分享這種狀況的心情時，同學安慰她說：「這沒有什麼，爸爸都是這樣，對他生氣沒關係，最多就是不要理他。」這位同學還說自己曾經和爸爸生氣，甚至一個月都不和他說話。但是我不認爲這種賭氣的方式是解決衝突的辦法，而是親子間需要良性的互相了解，如果以琳聽信同學建議，父女感情可能難以修補，孩子的價値觀如果向同儕傾斜，其結果難以逆料。

媽媽如何在孩子面前爲爸爸說話呢？

當爸爸在外應酬時，告訴孩子爸爸是爲了家人而努力工作。但價値上讓孩子知道爸爸不喜歡應酬很重要，否則孩子會覺得自己不受重視。

當爸爸教訓孩子時，讓孩子了解爸爸的苦心及用意，重點是爲孩子好而非爸爸喜歡發脾氣。

衝突之後**掌握權威者（爸爸）要主動彎下腰來和好，釋出善意**。這個關鍵性的行動可以化解許多衝突下的裂痕，讓事情有意料之外的轉折。

媽媽要當爸爸與孩子之間的緩衝，讓孩子了解爸爸爲他們犧牲及付出。舉些例子，告訴孩子有些爸爸只顧自己不顧孩子，媽媽的一切行爲言語都在凸顯自家爸爸的好。

有個比喻可以概括這個道理—常常講爸爸好話的媽媽懂得「當脖子的藝術」，**爸爸是頭，媽媽是脖子，頭要轉動，必須有脖子的支持。**

6 爸爸這一方不知道的教養秘訣

家庭教育裡，爸爸掌握大方向，媽媽負責執行。爲了貫徹爸爸的「政策」，我往往要因材施教、適時適性地發明了很多「對策」，結果可是讓郁文滿意得不得了。

不過，爸爸卻未必知道我是怎麼教的。

要孩子認真學習，父母的「引導」很重要，因爲先生平日工作忙碌，如何引導學習就落在我身上。

以琳小一時期決定不帶她到國外去學習英文，便爲她和兩個妹妹報名美語補習班學英語。我教導孩子除了上課專心聽講之外，回家之後，我馬上要求孩子立刻複習上課內容，並親自監督作業。而對於每次的課前隨堂測驗，我讓她們在前往補習班的途中，可以默背單字，考試前再複習一遍，這樣的效果讓她們每次測驗都有滿意的成績。這一招對老大、老二來說比較受用，老三因爲注意力容易分散，效果差了一點，於是我會針對老三反覆要求。

「隨時抽背」是我經常訓練孩子複習課業的方式。全家住在花蓮時期，傍晚時分我們常常會到東華大學的校園散步，除了閒話家常也會讓她們一邊散步，一邊背唐詩，因爲重複性高，所以她們現在對於一般的古詩古詞都還能琅琅上口。有趣的是，她們姐妹倒是有寓「學」於樂的精神，例如在週末時全家開車出遊，途中就提議背唐詩比賽的遊戲，一路上此起彼落，遊樂中又把詩詞基礎打得更穩了。

爲了希望她們樂於學習，我也會研發出一些點子來「引誘」。例如，製作集點卡就是一個方法。剛開始要執行暑假課表時，三姐妹都很反彈，因爲認知中暑假是「假期」，爲什麼要唸書和做功課？於是我給她們每人一張卡，完成課表的項目或是每讀完一本規定的讀物之後，就有集點紀錄，完成一定的集點數之後便實現做她們喜歡的事情。久而久之，這些集點就像是遊戲一樣讓她們樂此不疲。

至於孩子若是耍起脾氣，我會「善加管教」。但要把握好尺度，不可過嚴，因爲愛與管教是天平的兩邊，必須等量，有相等的愛才可有相等的管教。先愛孩子然後才能有高期待甚至嚴格的要求，這樣孩子才能甘心接受。

有次孩子反抗學習我出口罵了她，她發脾氣頂嘴說「媽媽去死啦」，我當下非常生氣與挫折，心想我這麼愛她，她還這樣說我！我不放棄地找她說教一頓，重點說法是：「妳不願意學習，那麼妳去當別人家的孩子吧！別人家的孩子可沒有像我們家一樣有這樣的環境與照顧。」孩子聽了也就明白了自己的錯誤，道歉之後便更加賣力學習了。

「堅持，而且不心軟」也是我教養的法寶。爲了執行在規定時間不能看電視、玩電腦、做完功課才可以休息等等的定時計畫，即使有突發事件阻撓我也不假辭色。例如，婆婆到家裡住時，看到孩子沒做完功課不能看電視覺得很心疼，我便好言勸婆婆出門去逛夜市；孩子愉懶哭泣哀求說想先休息再做功課，通常也會被我嚴詞拒絕，因爲只要一心軟，後續就很難收拾了！我也不想讓孩子產生「會吵的孩子有糖吃」這樣的想法。

7 我不是局外人

【爸爸篇】

一般而言，家長對孩子青春期的變化會感到驚訝與突然，因爲這時期的孩子往往會有情緒波動大、心情不穩定的情況，尤其是情緒較難捉摸的女孩子。

我常戲稱我擁有四個女人，明白的人都知道，我所說的是我的妻子與三個女兒，也就是說，我要和淑芬並肩作戰，一起面對三個女兒青春期的挑戰，最先面對的是以琳。

雖然父親和家人的親密關係是家庭關係的基礎，然而，在家裡媽媽與子女的溝通機會很多，但爸爸常常就是「局外人」，因此一開始我對於父女發生衝突的情狀是有些不適應。

我所了解到的是，青春期女孩的脾氣常被歸類爲無理取鬧，或是刁蠻任性，但詭異的是，怪脾氣的導因卻是「各式各樣」的，且理由經常令父親無法理解。

舉例來說，有個星期五晚上我帶著以琳、非比及媽媽，參加公司的運動時間。當以琳與非比搭檔與爸媽打羽毛球時，因爲非比球技稍差常常打不到球，以琳開玩笑地責備非比，非比便不高興地與姐姐開始鬥嘴。我因爲不希望在同事面前看到姐妹吵嘴，而表情嚴肅地說了非比幾句，以琳覺得爸爸反應過度，且口氣過於嚴厲，她們姐妹間鬥嘴只是一種玩樂，何必生氣？加上忙了一整天，下課後很晚才來打球，身體也疲累，所以開始擺臭臉拒絕再打球。一直到回家，我和淑芬都看到一個陰陽怪氣的以琳，卻不知她爲何不高興。我問了幾句，以琳眼眶紅紅卻不願告訴我，媽媽來打圓場：「女生嘛！就是有些莫名其妙的情緒。」

隔天我專程送以琳去中研院上課，在開車途中又試著與她溝通，並且先表明爲何我對她昨晚的反應感到不解，明明罵的是妹妹爲何她要不高興？我也承認，可能因爲在自己公司同仁面前，小孩吵嘴讓我有點面子掛不住，所以制止的態度會嚴厲一點，請她體諒。因爲看出以琳仍是不願說清此事，當下我也不逼她。只是到了中研院臨下車前，我抱抱以琳告訴她：「不管如何，爸爸愛妳。」聽到這話後，以琳紅著眼說：「爸爸，謝謝你送我來上課。」事後幾天，我們還是把當時的情境還原，各自表明自己當時的感受，也因此對此事彼此釋懷。

事後我開始想，我要如何避免這種情況？

經過多方討教以及閱讀專業教養書籍的學習，我已經了解到，孩子的青春期是成長過程中的重要階段，他們不是「一夕驟變」，而是逐漸進入這階段，除了生理發育之外，心理變化也很明顯。所以**做父母的需要具備「青春期意識」**，要能隨時注意到孩子的微妙情緒變化，並**坦然面對孩子已經對父母不再「唯命是從」**，而是要**適當地調整「幼齡時期的教育方式」**來應對，如此與青春期孩子的溝通就會順暢許多。

8 有話就要說

之前提到過，要培養孩子擁有優秀的品質，一定要讓他們處於「高期待」的環境。父母對他們高期待、高度關注，他們也會自我期許可以鞭策自己更上層樓。這點我們仍深信不疑。但是在**孩子進入青春期之後要特別小心，否則「高期待」會變成「高壓力」**，也可能適得其反。

青春期的孩子正開始體驗並發展自我意識，同時期也會產生「自覺已經長大」的態度。這也是意味著父母的權威逐漸失去影響力，彼此之間溝通就容易出現障礙。如果這障礙再加上學習的挫折與焦慮，青春期的孩子又有不輕易表達的心理特質，父母若不經心，衝突會是時有所見的。

高一上以琳與同學參加「外交小尖兵」的選拔，因爲時間緊迫且是英文的表演，她感到壓力很大。當時以琳希望我可以幫忙看一下她的講稿英文是否有錯。爲此，我星期天一早起來立刻打開電腦，動手將她的講稿重新改寫。當以琳看到她好不容易寫好且背得差不多的稿子，被改得七零八落，立刻拉下臉來，口氣不好地對我說：「我只是要你幫忙看英文，沒有請你改我的東西。」因爲花了工夫卻被抱怨，我也很生氣地說：「妳的稿子亂七八糟，根本沒有講到重點，妳是要背好的稿子還是要背不好的稿子？」

到了教會主日崇拜前，我先送以琳與媽媽到丹堤吃早餐，在停車時心中一直提醒自己：**「不要為小事抓狂，不要在意她的態度。」**好不容易一路深呼吸走進丹堤，還沒坐下來就看到被揉成一團的可憐稿子——那可是我犧牲週日一大早睡眠、爲她精心改寫的！無名火即時引爆、氣衝腦門的我訓斥她：「我爲妳辛苦寫的稿子，不應該受到這樣的待遇；這事妳自己處理，我不會再管了！」瞬間，咖啡廳的空氣幾乎凝結，在一陣死寂之中只看到以琳低頭掉淚；我有一種發洩的快感，但卻也知道局面又被我搞砸了！

當時的情況下，感謝淑芬的中介協調，讓我們開始靜下心來先收拾殘局，不要再情緒性發言。中午我特地陪以琳走到捷運站，送她去與隊友練習，一路無言，父女都小心翼翼不再刺激對方，但身體語言感受到雙方都有和解的意思。

到了晚上家庭聚會時，我先把自己爲何生氣的心理感受講出來，而以琳也表示因爲心急，時間來不及再背新的東西，且我沒弄懂她們表演的情境，所以我改出來的是好英文卻未必適合表演。重點是以琳在壓力之下（因爲隔天就要比賽，還在改稿子，不僅沒背好也還沒排演，所以她很擔心上台的表現！）有些過激的情緒發洩；而我則在沒進入狀況之下，還是以之前教她小學時期演講背稿的心態，用「改作文」的觀念在修正她的英文劇本，因爲期待不同且沒有同理，衝突自然產生。

其實，家有青春期階段孩子的父母，對孩子應該不必像小時候那樣專注的關心，太多關心反而會使他們內心產生了困惑和煩惱。所以**父母要以尊重孩子的個人選擇為主，讓他們掌握選擇權**，由他們自己做出判斷與選擇，家長只要在身邊以支持的態度輔佐即可。不要讓我們的愛變成他們無法承受之重。

9 打破傳統觀念的爸爸角色

傳統的「父親角色」在台灣多以權威形式存在，父親就是天，兒女以天爲尊。

另外，就如同我的父親，通常關切行動多於語言教導。這兩者卻都少了點柔性成分的「親密關係」，以至於我們這一代在成長後的人際關係上是有所欠缺的。

心理學家指出父女關係是一件不可疏忽的事，因爲它關係到女兒在社會認知與表達能力的建立，以及提供女孩對男女性別角色識別上重要的影響力。因此，在有了以琳之後，加上非比、蕾潔陸續出世，我對自己擔任父親的角色更加注意。

前幾個「恨死那個人了」「外交小尖兵」「打球衝突事件」等教養挫敗的例子裡，姑且不論青春期女孩子的不穩定性，其實在過程中我的衝動以及脾氣，是把父女關係搞砸的主要因素！如果不是淑芬及時來幫忙收拾殘局，我想這種錯誤與缺失，在隨後的教養上對孩子的成長將存在著巨大的風險。

有了這層反省，我除了積極去了解各階段的孩子在想什麼？更常問自己：**孩子最需要的是什麼**？**我對她們而言，可以做到真正的幫助是什麼**？

爲了做得更好，我請益了一些專家，他們認爲「無論哪個階段，父母任一方在孩子的成長過程中都是不可或缺的」，而孩子受到來自於父母的影響，以「父母對自我責任的認知程度」以及「是否願意付出心力在孩子身上」爲主。這兩方面我和淑芬都一直想盡力做到，而我更想要改變的是受到傳統父子模式影響下的父親形象。

一直以來，傳統中媽媽是教育孩子、維繫家庭情感的主力，但爸爸的作用除了是負責滿足家庭物質條件之需求外，多半也被定位在「處罰與說教」的角色而已，我也自然地在不知不覺會表現出權威，甚至是獨斷的形象。

爲了彌補缺失，在父女關係出現衝突時我會馬上反思，先把責任挑起來，不再把責任怪在孩子身上，而且透過太太或是親自詢問女兒，讓她們做我的鏡子反照出我的毛病，這點聰明的女兒已經學會，在每週的家庭查經會上，主動對我做直率但委婉的批評，就當成家庭玩笑，我也能以幽默接受批評，並且博得「大寶」的暱稱。

更進一步的，我期許自己當女兒做出令我難以接受的事情時，甚至挑戰我忍耐限度時，仍然要以和顏悅色的態度面對她們，以一個成熟男人的寬容與慈愛來與她們交流，以贏得孩子的信任。我相信這樣的行爲模式將爲女兒奠定穩固而良好的心理素質。其實實踐了幾次的反省行爲之後，每當我感受到女兒對我回報以溫情與愛心時，那可眞是甜到我的心頭了，令我十分開心。目前，我也在修習「幽默感」的功課，努力讓自己成爲她們心目中的「天才老爹」。

10 有時也變成媽媽的角色

在我家中太太是全職在家照顧孩子的好媽媽，她努力學習如何教出好孩子，並積極參加讀書會，從中得到成功媽媽們彼此經驗的分享以及互相打氣。所以在親子互動上，她相當樂於表達對孩子的情感，**經常把「愛」從口中明確說出來**，透過肢體的擁抱動作也是家常便飯，這樣的行爲讓孩子們對她的依戀頗深。所以孩子在外有了什麼欣喜或是挫折的事，回到家第一時間都是投入媽媽懷抱，訴說所有的心事，充分享受母愛。這一點的確讓我小小吃醋，因爲那像是把我隔到另一邊去了。

聰慧的她明白我的這種滋味，所以運用智慧安排了「定期約會」的模式。表面上這是「要求」我定期要帶女兒們去單獨約會，用意上除了是讓孩子可以有個「買禮物的機會」外，實質意義則是讓我可以跟孩子有充分溝通與建立親密關係的機會。

此外，在我們的管教上，她眞是我絕佳的好幫手與協調者，往往成爲緩解衝突的最佳守護員。當我在態度上過於激動時，她會適時出面緩頰。最重要的是在傳統「男主外，女主內」家庭模式中，家庭中角色分工上，爸爸通常不知不覺就成爲權威者，因爲媽媽有時會自動將爸爸當作管教小孩時的「威嚇方法」，例如孩子犯錯時會說：「你再不聽話，等爸爸回來，我要告訴他，你就等著被處罰吧！」

但是，這種方式往往是會讓孩子對爸爸產生距離的主要原因，讓爸爸的「權威形象」更明顯，爸爸變成不容易親近的人，父女間也會有所距離。

淑芬卻不這麼做，她通常都會明白告訴孩子她們的錯誤在哪裡，犯錯了就是要被處罰，**無論是爸爸或媽媽都是「執法者」**，這樣的確避免拉開我和孩子的距離。

我很感謝她以這樣的角度投射我的形象，也把父母同工的原則運用在家庭教育中，她讓我做到也讓孩子明白，爸爸在孩子的教養與成長過程中不是配角，而是跟媽媽一樣都是主角，甚至比媽媽更有影響力！

11 我只是個平凡的孩子

【孩子篇】

我知道，我的基測考了滿分引起不少人的關心與好奇，大家常問：「她是怎麼辦到的？」其實我想說的是，我只是個平凡的人。

我沒有特別有天分，對於學校上的課只要是沒興趣的，上課就忍不住會打瞌睡；個性上我應該算是有些懶散吧，有時我遇到難題，便懶得想，直接說「不會」；有時，我也會懶得出門，喜歡在家裡悠閒地窩著，或許有那麼點「宅女」的味道。

我有著一般孩子的喜好，喜歡看漫畫、玩電腦，也愛看電視，不論是卡通、外國影集或電影都好，我最喜歡的莫過於有關魔法、奇幻想像的影片，那不但是我課餘紓解壓力的方法，也可以另類地增廣見聞。或許因為父母限制我接觸這些東西的時間，所以每次我獲准享受這些嗜好時，都非常珍惜。

至於為什麼考滿分？我覺得這當中很大部分應該歸功於我的父母。因為他們在事業與家庭的經營上全心全力，成為我們小孩努力唸書的好榜樣。他們常常教導我，讓我知道凡事要「本位優先」，而現在我身為學生的本位就是唸書與學習。

小時候，父母引導著我讀書與學習，在他們的薰陶下，我養成了愛念書的習慣，而且「有書就讀，無聊就讀」。以課外讀物爲例，《世界文學全集》、《世界歷史故事》、《莎士比亞全集》、《小魯大獎小說》、《文學館》、《小魯兒童成長小說》、《跨世紀小說精選》等都令我愛不釋手；另外，還有《死神》、《火影忍者》、《海賊王》、《新暗行御史》、《潘朵拉之心》等許多漫畫，更是我休閒時的好朋友。爸爸說我的雜食性閱讀經驗，對我的作文與理解力有很大幫助，我想的確是的。

而對於功課的精進，我想與我愛問問題有關。

我對於自己有興趣或覺得重要的事情，一定會想盡辦法弄清楚。與同儕與師長的交流經驗中，最常發生的就是**「聊天、討論、問問題」，我真的不怕問問題**。即使有時問的問題很簡單，甚至被同學說很「白痴」，但只要很關鍵，我就不怕被人嘲笑。通常我會先請教同學，同學無法解答再去找老師，有時問題太多就會先與老師預約時間，再專程拜訪。

就像是要克服困難一樣，我的「問問題」習慣是「不懂就要問」！因爲一個問題不弄懂，我就會整天放在心上，感到很難受，有時若不立刻問，久了就容易忘記，所以通常若上課不方便問，都會下課立即發問。若眞的無法立刻問，我便會將疑惑記在小紙條上，放在醒目的地方提醒自己有空再解決。

我唸書是有幾個小訣竅，這也許是幫助我在考試上「關關難過，關關過」的原因。

首先，越是困難的科目，越要擺在自己精神狀況較好的時間來學習，對自己已經駕輕就熟的科目，則利用零碎或專注力比較差的時間來練習。其次是把學習當娛樂。走路上學時，我會背英文單字當作打發時間的遊戲；出遊時，和妹妹們玩比賽背唐詩的遊戲；看車牌，和爸媽玩數字遊戲；沒事時用英文與家人對話；看電視時觀賞英文發音的影集及卡通，再來玩內容猜猜看的遊戲。這些，都讓我對學習更有興趣，一點壓力也沒有。

當然，因爲身處資優班，面對個個是強者的同學，我仍時常感到競爭的壓力，不過在我看來，這是刺激自己更努力的最好機會；我常和班上同學一起參加校內外的考試及比賽，不是爲了要得獎，而是要讓自己了解人外有人、天外有天，我必須要更努力才行。

在多次比賽考試中，我常常感受到「落後」與「挫敗」的失落感，這時候，找媽媽聊天是我最常做的舉動。媽媽總是耐心聽我碎碎唸，幫我度過焦慮及憂鬱；而爸爸是我的最佳後援，總能親力親爲指導我克服課業上的困難，不論是考試或比賽，有問題他便可以立即爲我解答；像九年級下學期，爸爸開始教我如何準備基測，而考前一週時，我因爲實在太緊張而感到慌張，爸爸便天天在睡前陪我一同禱告，使我安心了不少。

此外，在我學習低潮時，有時會在心中「自言自語」，其實那是在自我信心喊話，以增加我的鬥志及不服輸的精神。我會告訴自己：「下次要努力，不能再輸了！我才不會輸，就要做給你看！」當下次考好時，就自我宣告「我回來了！」這些信念與言語，都有神奇的力量，總能在我失意時，爲我加油打氣！

我一直知道父母對我有高期望，我也深深體會到父母對我的付出與支持，這讓我要努力去追求肯定與成就感。對我來說，父母的期望看似壓力，其實是激勵，因為我也常與父母有著同樣的期望，對人生還未有明確藍圖的我來說，現階段的我希望追求高學歷、高成就來擴大自己的視野，開創自己的未來，如此可以認識更多優秀的同儕、師長，並接觸更多成功的人，然後在熱愛學習的成長中愉快的度過人生！

PART 004

為什麼非前進資優班不可？

這樣的學習環境升級過程，
一關關都擴大視野、自信與能力。

每個學習過程的結束，
就代表一個蛻變後更強的自我。

1 真的要投入這場競爭嗎？

自小求學的過程中，資優班在我們的印象中應是屬於資賦優異的「天才兒童」。以琳固然乖巧、學習好，但談不上有任何的天才，怎能算是資優生呢？我們只希望她能健康正常地接受教育就夠了。

所以當友人建議我們讓以琳進入資優班時，這個從未思考過的問題讓我們陷入迷霧之中。

然而從朋友誠摯建議中了解到，孩子升國中除了要事前有充分準備外，還要參加考試！更令我吃驚的是，專家竟然說「從五年級開始準備資優班考試已經有點晚了」……

我思索著，唸個國中也要這麼辛苦嗎？

回想我們唸國中的階段，「能力分班」是公、私立各學校的常態，進入國中的第一件事，就是依照國小成績或入學後的考試，把所有學生分成「升學班」（所謂的「好班」）與「普通班」（另有放棄升學的「後段班」或「放牛班」）。當時只要基本的努力與基礎，編入升學班其實並不太難。

然而，現在的國中與過去的國中已有結構性變化，現在公校沒有升學班，只剩下非常少數的資優班。

如今，特定公立國中如果在某些項目表現優異，可以向教育主管單位申請特殊的班級，成立所謂的「數資班」「英資班」「美術班」「音樂班」「弦樂班」「國樂班」等等。各校爲了爭取更多資源，打響學校的知名度，都會想盡辦法爭取設立這些資優班，一方面爲校爭光維持聲譽，另一方面也當作學校招生的促銷樣板。

此外，因爲「資優班」與「資源班」都屬於「教務處特教組」管轄，容許學校有更多的資源與更大的彈性來培養這群孩子，少了制度束縛，學校配備相對豐富的師資、課程、設備、環境等資源來培養這一班。

我們因此也知道了一個觀念：不管接受與否，事實上考上某些國中的資優班就好像考上基測的第一志願！

在僧多粥少的狀況下，必須透過嚴格的考試篩選才能進入「資優班」，這與我們當年還算輕易就可進入的「升學班」又有不同，所以**「提前準備」是有其必要性**。

2 從美術資優到數理資優

爲了進入資優班，我們首先了解的是「美術資優班」。爲了確認以琳的美術天分，我們還帶了以琳得意的「塗鴉」作品讓碩士級美術老師評鑑。

結果，老師給以琳作品鼓舞性的評價，但也開出一堆書單、考試項目，甚至建議以琳可以參加哪個補習班去準備學科與術科考試。

這時，我們才發現，國中資優班的考試必須付出相當的準備與努力，一切都有既定的「遊戲規則」，早點準備，成功機會就大增；反之，就算你眞有天分，也難以考進去。

那次印象深刻的參訪與晤談，其實讓我有點洩氣！因爲體認到，進到美資班不僅要熟讀深奧的藝術史，還要在「術科」的美術技巧上出類拔萃；家長也要花大量的時間精力與金錢來幫孩子準備，而可以想見的，勝出的機率非常之小。

以琳雖然從小愛畫畫，我們也覺得她有點美術天分，但距離「那種」專業級的水準，憑良心說，還眞有點差距。

轉念之間，我開始走向數理資優這條路。

當時，我深知理工的基礎在數學，雖然我對以琳這方面沒太大信心，但是如果以琳多加強數學把弱點補起來，將來理化一定難不倒她，加上原來就是強項的文科，她就成爲沒有弱項的「全能型」學生，即使考不上國中數資班，也不會像一般女生那樣恐懼數學和理化。

我信奉的理論是：「眼睛怕看尖銳的東西，但如果家中擺滿針，久而久之眼睛就不怕看尖銳的東西了！」任何懼怕之物只要你敢勇於面對，時間久了就能輕易掌控；學習的訣竅就是如此，**「不怕」是第一步**，「成就」與「興趣」隨之而來。

因此，當時我私下的盤算是：與其花兩年準備延伸價值比較低的美術，不如花兩年好好「對付」一下未來應用廣泛的數學。

就在這樣的想法下，原來想考美資班的以琳，開始準備自小完全沒有特殊偏好的數學。

我們全家也開始伴隨以琳進入這一段「數資班」的旅程，從五年級起到國小畢業這一段，以琳持續了兩年的數學扎根之旅，每週花三個小時接受數學的超前學習。

3 如何選擇補習班？

在現實環境的考慮下，我選擇讓以琳提早接受人生的考驗，準備數資班考試。進入資優班的門很窄，要經過初試與複試的公平篩選，這使得公校資優班考試競爭激烈，稍稍留意一下，就可以發現，爲了準備資優班考試而設立的補習班早已悄悄成立於大街小巷。

每個資優補習班都有特殊的定位與目標，並且生意興隆。對於一般國小不能提供的深度、廣度，與系統化教學，資優補習班卻把這方面的需求給補足了，讓孩子在某些領域學得更多，接受更多刺激與挑戰。

所以，我和淑芬決定，讓孩子在國小高年級選讀適合的資優補習班。

根據以琳考取數資班的補習班教育經驗，我想說明，其實以「學習者優先論」的觀念來看，補習與否以及補習班的選擇也應該要讓學生自己做決定，因爲自己先產生需求與動機，願意主動追求補強弱項，補習才會有效果。

在以琳準備數理資優班考試時，透過朋友的介紹，我們第一次讓以琳報名一家以「永和國中數理資優班」爲其標榜目標的補習班。

上課時，發現班上已經有許多聰明絕頂的私立國小學生，其中有許多國小就是唸數資班的孩子，他們對老師的問題反應敏捷，許多以琳覺得困難的題目，他們可以立即解出，表現得游刃有餘。也讓以琳見識到什麼是「強中自有強中手」，剛開始以琳心中頗有挫折感，上課時最怕被點名，只想默默躲在角落。

這時以琳是置身在一種**「撞牆階段」**，我們便出手拉一把，幫助她突破困境，如果行動上幫不上忙，至少心理上要認同、肯定，也給她支持鼓勵。

後來以琳自己也主動要求繼續在補習班上課，到了國小六年級下學期時，她已經可以考進補習班前二十名的高希望領先群，我們都很欣慰，因爲無論她是否能考上數資班，這個補習過程已經把她的數學提升到另一個層次。

考完基測，到了升高一的那個暑假，以琳突然對補習班變得很有興趣，有陣子每天跑不同的補習班去試聽，有的補習班老師很有趣、上得較慢；有的盛氣凌人、進度又快……以琳問我如何選擇？

我告訴她：妳不是去聽故事或笑話，也不必喜歡老師的風格，老師上課是否有趣不重要，重點是哪個班能讓妳把不懂的弄懂？哪個班能帶妳進入更深的學術領域？因爲這才是輔助教育的目的。

另外，大多數補習班的班級只是爲一般學生開的，要兼顧所有同學的程度與需求，不能教太深，也不能教太快；但有的班是爲程度較好的學生所開設，會有比較強的刺激與學習。因此選擇的訣竅便是：既然不同程度的補習班都要花一樣的錢，不如寧可先挑戰自己，找難一點的班來上，如果後來眞的發現跟不上，還可以退而求其次去上普通的班級。

這個方法是根據「能上大聯盟，就不要留在小聯盟；能到美國打職棒，就不必留在台灣」的「環境」論點，因爲不同的舞台代表不同的程度，待遇與成就也就不同。

去上比自己程度高一點的班級，正是迫使自己成長的好方法之一。

上補習班還有另一好處，是用環境來制約自己。現在，大部分家中環境都很舒適，孩子下課後留在家中自習，常常會忍不住誘惑。要抵抗誘惑就要遠離誘惑，所以以琳喜歡去補習班，因爲**可以用「環境的力量」讓自己持續前進**。

而坊間的輔助教材可說琳琅滿目，各式各樣的課本、自修、習作，乃至測驗卷等材料，常常不知如何選擇？輔助性學習資源的選擇上，我們是「只要以琳需要的，就買！」但是要堅持的原則是「要求她既然買了，就一定要使用」。爲了督促，家中的專職媽媽便每天負責改以琳做過的考卷。後來這活動還變成她們母女間最常玩的「遊戲」呢。

4 數資班學長的榜樣

在以琳學習的路程上，以琳的一位永中數資班學長，扮演很重要的先行者的模範角色。

這位學長非常優秀，強項是數學、物理，多次在國、高中成爲科奧的國家代表選手，甚至拿過好幾次全球競賽的金牌。

這個孩子因爲自己的求知慾，甚至是主動挑選對自己有幫助的補習班或大學課程！

這位學長幾乎是把所有高深的補習班都聽過了，而且自國中起，就挑戰高中生的課程，然後把自己放到建中數資班人數最多的補習班，或者到台大物理系所旁聽，也不斷參加一些競賽與集訓，這是一個主動追求輔助性教學資源的成功案例。

透過老師的推薦與規劃，這個有企圖心的孩子持續追求自我成就。正是因爲他做這些事有「成就感」，這樣看來辛苦的努力過程，這個孩子卻能快樂成長，品行也很正派。

我們家常拿這位學長當作眞正優秀的模範。

以琳雖然遠不及這位天縱英明的學長優秀，但見賢思齊的效果還是有的。因此，在輔助性教學資源的取得上，我們認爲，跟隨前輩腳步是一個好策略。

當以琳國二開始接觸理化，發現有點難理解時，我們打聽到一家學長上過的理化補習班，經過一些評估終於在二下時讓她上了這個補習班，動作雖然比她班上許多同學慢了一年多，但因爲她有很強的學習動機，所以很快的就把這方面的弱點補強了。

可見，**適切利用補教資源，可以在關鍵時刻拉孩子一把**，也讓孩子把原本困難而無興趣的學科加以補強，其實還是有其正面價值的。

但在這個過程中，孩子的自覺與家長的輔導相輔相成，不能把補習班當成萬靈丹，無效的補習不僅費時費力，而且在消耗父母荷包的同時，也消耗了孩子的志氣。

5 習慣挑戰的遊戲

曾經，我們對國內教育系統與教育水準有些失望，而全家辦過加拿大移民。雖然，最後我們放棄了移民這條路，但也親身經歷過加拿大公立學校的開放式學習環境。

後來以琳幸運考進永和數資班，一開始我們其實是相當忐忑的，因爲擔心各路英雄好漢齊集的環境會給以琳太大壓力，畢竟這與她原來就讀的鄉下小學與體驗過的加拿大教育環境差異很大。但不久，我們便發現這樣的顧慮是多餘的。

首先，數資班有益的課外活動非常豐富。

打從以琳進入數資班的暑假，學校還沒開學，就有許多的營隊與活動，除此之外，以琳還多次代表學校參加校際的國語文競賽、英文即席演講……這些活動與競賽，提升了孩子的視野與自我期許。

處在一個成員個個頭角崢嶸、具有強烈企圖心的班上，幾乎沒有一個孩子甘於平庸，被人比下去，所以同儕的競爭壓力與強度顯然比一般普通班要強很多。大多數資優班的孩子都樂於接受挑戰，因爲常常接受正向的刺激且樂此不疲。

我們看到的以琳，在國中三年之中幾乎**「玩」遍所有的高難度「遊戲」**，也都對她的勇氣與表現引以爲傲。

就我的觀察，習慣天天出現的考試、競賽、活動之後，孩子們甚至把這些外人看來壓力很大的負擔，當成一種具挑戰性的遊戲，也由其中找到樂趣與成就，因爲他們已經走上一條正向循環的道路。

因爲有數資班「強大的」學習驅動力，以琳在國中三年間接受過許多考驗，也有多次風光表現，這的確爲以琳的基測滿分打下利基。

6 環境造就優秀

永中數資班的準備與求學過程，開啓了我們對現今國中教育的探索，也發現優秀確實是環境塑造出來的。

回想國小畢業時，我們經過分析，並取得以琳的同意後，爲以琳設定了明確的國中升學策略目標：

一定要努力進資優班；

公校的資優班如果考不上，就考私校的資優班；

距家較近者優先；

學習方式較多元與平衡的學校優先。

根據這幾個原則，私校中我們鎖定了中和的竹林與南山的數資班；公校則是選擇永和國中的數資班。爭氣的以琳首先考上竹林與南山，當我們前去了解私校的教學環境與未來計畫時，他們都要求以琳在永中還未放榜前就決定，這是私校的競爭手段，想要搶先網羅好學生。

可見爲了打知名度、網羅好學生，私校眞可說是用了許多的心思來經營其特色，這也是爲何這些年來制度僵固的公立學校無法與私校相抗衡的主因。

那麼，眞的該選擇私校資優班嗎？

私校走向補習班化已經是不爭的事實。不過，也正因爲私校有這樣的問題，所以一般教學不正常的問題比較嚴重，超時授課、留校自習、刪減非考試科目時數、淘汰資優班後段生到普通班等，其實上私校的孩子壓力眞不小。

有些私立初中甚至鼓吹學生不參加基測外考，直升自己的高中，以完整的六年來拚大學，所以私校的大學升學表現有的甚至超越明星公校。

私校的邏輯是：參加基測的學生在國三都放慢甚至停止往前學習，只是把全副心力投入在一次又一次的模擬考，在「人人有機會、個個沒把握」的氛圍下，對學生與家長都是不必要的壓力與煎熬！

所以，跳過國中基測直接拚大學，等於比參加基測的孩子多一年的時間來準備，也減少一次不必要的壓力。坦白講，當時的我確曾對這樣的安排有點心動。

但是，當我走進永中時，過去那種國中生活的回憶浮現腦海。

公校還是比較像教學正常的環境，至少孩子不用每天課後留校那麼辛苦，而學校的空間大、活動多、生活也比較有趣，所以雖然距家最遠，但因爲以琳自己會搭公車上下學，交通不成問題，所以我們因爲教學正常選擇了永和國中。

以琳唸了三年國中後，我了解到，讓以琳進入公立學校的決定是正確的。資優班與其他常態普通班在學業成績上，確實呈現逐年拉開的態勢。追根究柢，我認爲是一個班級的班風、同儕激勵、自我肯定，與自我要求的因素。

在這裡我無意吹捧數資班，只是要**強調「班級環境」，特別是「同班同學」的重要性**！這與過去我從高雄中學、台大商學系、政大企研所，一路到倫敦大學博士班所親身體驗到的完全一致，這樣的學習環境升級過程，一關關都擴大我的視野、自信與能力。每個學習過程的結束就代表一個蛻變後更強的自我。

現在，在我的女兒身上，看到她正開始這樣的經歷，展現出類似的「蛻變」過程，讓我對「環境造就優秀」的理論更加深信不疑！

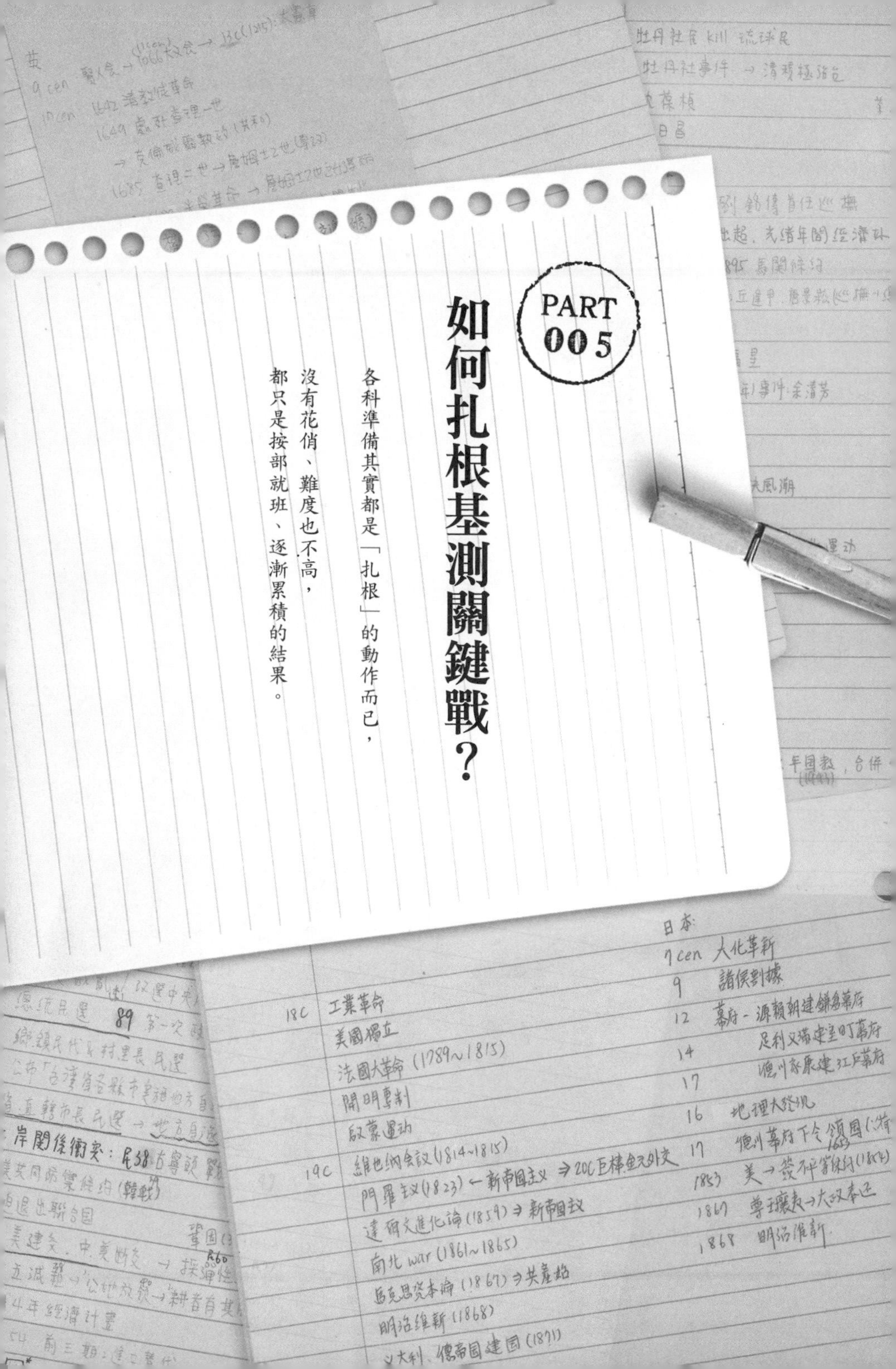

PART 005

如何扎根基測關鍵戰？

各科準備其實都是「扎根」的動作而已，
沒有花俏、難度也不高，
都只是按部就班、逐漸累積的結果。

「國中基測」是孩子國中三年學習成果的大驗收，也是進入下一階段學習的關鍵戰役！

基測共有五科外加作文，合計四一二分。現階段考試強調「中間偏易」，其題型是爲了配合常態分班、回歸基本學科能力的教育主軸而設計的，所以各科的「基本功夫」最重要。

以琳的各科準備，**其實都是「扎根」的動作而已**，沒有花稍、難度也不高，都只是按部就班、逐漸累積的結果。

1 蓄積語文基本功→國文及作文

七年級時，以琳的國文與作文成績就優於班上同學，曾有家長問我以琳的國文程度爲何就是比較好？其實這都是國小打的基礎。一大一小的科目共計九十二分（國文八十分，作文十二分），是所有學科中佔分最重的，但也是最需要長時間累積的。

一、國文與作文要好，首重大量的閱讀。

閱讀能力是一切學習的基礎，我與淑芬都是手不釋卷的人，因爲閱讀對我們是一種輕鬆的休閒，孩子們在耳濡目染之下也都喜歡閱讀。以琳在媽媽的陪讀下，從小就喜愛閱讀各類童書，因爲家中不鼓勵太早放寬到圖像化閱讀，例如漫畫，所以國小之後以琳必須先從純文字的閱讀開始，習慣文字的敘述與想像也樂在其中。每天家中有《國語日報》讓以琳隨時可以有閱讀的材料。

純文字的閱讀是一種間接的媒體，若不經過大腦的接收與解讀，一堆文字是毫無意義的，這迫使讀者必須有某種程度的主觀心智活動，你隨時可以停下閱讀來思考，或翻到前一頁銜接一下整個故事。而一般的多媒體刺激則是非常直接的，看者或聽者是被這些直接的視覺與聽覺刺激帶著走的，所以對於心智的刺激是比較直接而膚淺的，一般而言，孩子多半不喜歡閱讀文字，因爲比較「累」，吸收比較慢；所以在接受到漫畫、電視、電影、電玩這些圖像的刺激後很容易放棄閱讀。

此外，閱讀最美之處在新鮮與發現，所以我們讓孩子自己選擇喜歡的材料，每個月到台北市立圖書館借二十五本書（每人五本，全家二十五本），在全家閱讀的習慣之中，課外書是孩子們課餘的休閒，我們用閱讀來取代網路、電視、漫畫等現代「地雷」，而不知不覺中孩子的語文能力就在休閒中養成了。

很多家長花大錢買了很多大部頭、印刷精美的套書，其實並不是完全必要。因爲閱讀的材料隨手皆是，我們有許多教會朋友，或親朋好友，常常交換書籍。正因爲閱讀材料其實「俯拾即是」，我們家對書本則是抱持「可拋式」的概念，用過即棄但不斷讀新的東西。

閱讀的內容上，父母也不必特別爲孩子挑書，讓孩子自己選擇想讀的方向即可，世界文學名著、歷史故事、成語故事集、科普叢書、得獎的文學著作等都可以成為孩子們的最愛，重要的是讓孩子把讀書當生活習慣。閱讀不但是一輩子的休閒，還可豐富知識，訓練孩子對語文的敏感與想像力，全家閱讀真是一件快樂的活動。

二、有了大量閱讀，還要輔以實際的語文應用，「作文與演講」是「說與寫」的重要訓練。

聽與讀是語文吸收進去的能力，說與寫則是應用出來的能力，語文能力就是在這樣的「進」與「出」之間不斷被修正與淬鍊。

以琳在中低年級就展現作文、朗讀與演講方面的能力，所以常常代表班上參加校內的國語文競賽，國小五年級開始代表學校參加即席演講比賽，一直持續到國中都是學校的儲備選手，持續接受嚴格的訓練。

記得剛開始準備即席演講時，那是有範圍限制的「背稿演講比賽」，題目共計有兩百題。在老師的要求下，以琳在一個暑假中每天要寫一篇短稿，交給老師審核、定稿後開始背誦。作爲老爸的我幫她捉刀了幾次，但因爲我工作量太大、太忙，最後必須要孩子自己寫。以琳以觀摩我的文章來執筆練習，逐漸地便掌握出自己寫作的大綱和思路。之後以琳發現自己寫的稿子最好背，於是每天勤動筆，從大綱勾勒到字句斟酌，一篇篇七百多字的演講稿就這樣由指導老師修整後定稿並背誦。

就這樣，一個暑假中她大概寫作並背誦了近百篇稿子，雖然事後代表學校出賽並未得名次，但這樣的訓練卻爲她的作文打下良好基礎，國文程度也大爲提升。

上了國中因爲有即席演講能力，所以在校內比賽也是名列前茅，並且繼續培訓，每週的即席演講訓練，包括審題、破題、擬大綱、寫作文稿、上台演說等，都要在短短的三十分鐘內完成，這樣不斷的練習，再加上佳作剪報、文章結構分析、名言佳句的累積背誦等，更增加以琳作文及國文的能力，也讓之後各種國文考試與作文比賽時的臨場表現都能維持穩定。

＊長期累積下來的文章整理，為作文以及國文打下良好的基礎。

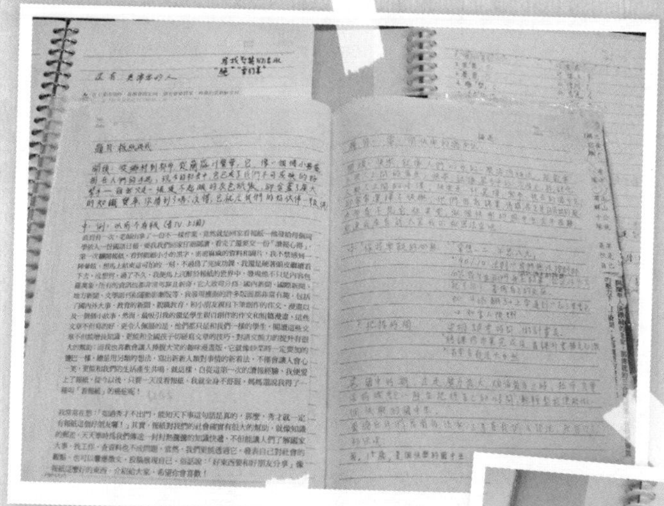

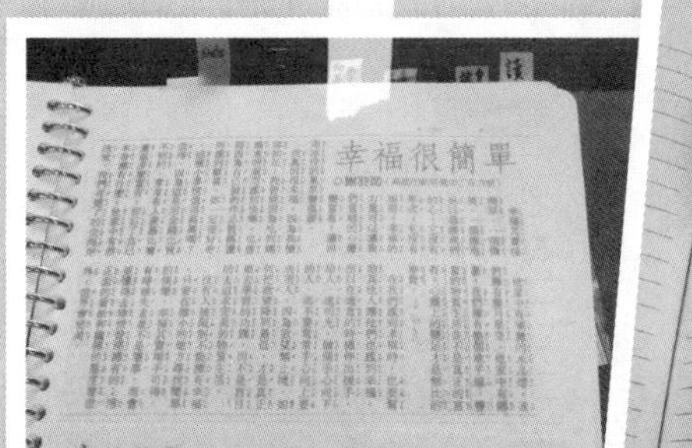

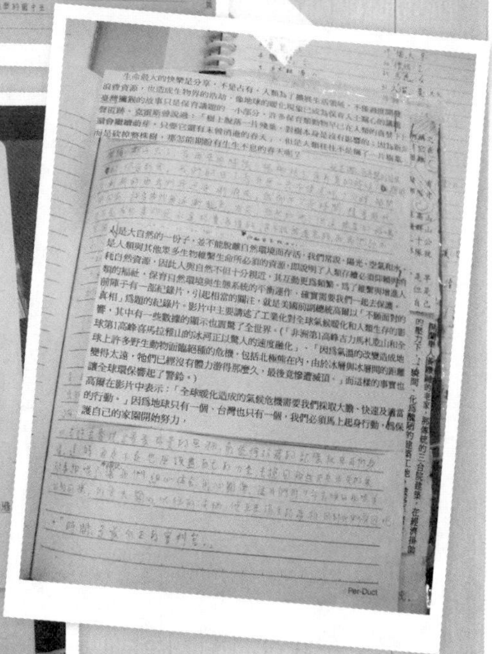

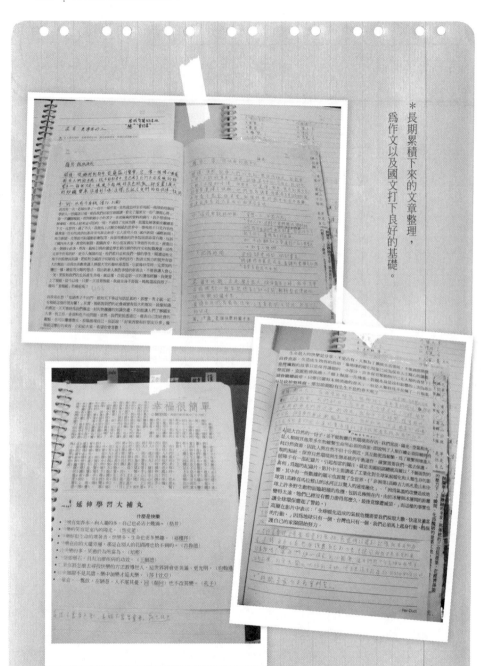

三、基測作文四個小技巧：

作文要得高分可以運用以下的技巧：

1.寫作者要能模擬體會，閱卷老師在大量改卷時，在這個題目之下，他給分數的標準與心態，他想看到的是什麼樣的文章？

2.破題方面，與眾不同的觀點雖佳，但最好不要「太創意」，標新立異的開頭其實是有風險的，雖然有可能在眾多同質的文章中被凸顯，但是如果運用不當，閱卷老師不見得能欣賞，可能反而拿低分。

3.相對而言，「太庸俗」或「不正面」的寫作方向也可能會吃虧，所以最佳策略是採用四平八穩的破題與結構，不用特立獨行，並要試想各種背景與性格的閱卷老師都能接受的題材與寫作方向。

4.平日閱讀時若要參考好文章，《國語日報》上常有佳作賞析，基測前也有特別的專欄說明作文的技巧，可供參考。

舉例說明：九十八年第一次基測時作文題目「常常，我想起那一雙手」，大多數考生直覺會寫父母的手，這樣的破題很安全。但是若要追求滿級分，恐怕要在寫作能力上有突出表現，因爲當閱卷老師看了數萬份描述父母雙手的文章之後，同樣題材又能得到滿分青睞者必須有特殊理由。

有朋友的孩子用擬人化手法寫浪花作爲雙手，這是一個具創意的方向，有與眾不同的效果，但風險是可能會有老師認爲離題；以琳選擇寫劉俠關節病變的雙手，因爲她想起曾閱讀過一篇關於劉俠的報導，所以引申出她以殘障的雙手爲世人做了許多貢獻，這篇與眾不同的「勵志小品」，爲她贏得了作文滿級分。

至於第二次基測的題目「我曾那樣追尋」，有些考生寫一段愛情，或打電玩等等，因爲取材較不適合國中生，也不是積極進取的主題，即便文字功力高，在破題上也會吃一點虧。

四、在臨場的作文表現上，有下述技巧可參考：

已經在考場上了，即使文思泉湧，也需要注意一些細節：

1考前幾個禮拜買一枝新的〇．五或〇．四黑色墨水筆，建議先用掉〇．五～一公分的筆水，考試前一天晚上再拿出來試用，以免放久了斷水或書寫不順。

2應考生若會流手汗，要事先想好應變措施，帶手帕是一個解決方案。

3寫作文的字體清晰工整很重要，最好不要用原子筆，以免沾染油墨，也絕對不要龍飛鳳舞草草寫完。

4寫作時，小心不要出現簡體字、他國語言，標點符號的用法及所佔格位適切也須注意，不可濫用。

5在時間壓力下，考基測作文之前就必須「建立良好寫作習慣與策略」。原則是，開始的破題與起承轉合的規劃往往是決定文章品質的關鍵，所以動筆之前，一定要花約三至五分鐘來仔細思考並破題。例如：「常常，我想起那一雙手」這樣的題目，「常常」與「想起」都是關鍵字，不能只寫「雙手」。要強調「為何會想起？」（一定是記憶深刻）之外，更要留意「常常」這個重要的副詞，文中也要交代「爲何常常想起？」這些都是在破題時要先思考的，因爲一旦下筆就沒有機會重寫一次了。

6在時間壓力與整潔的要求下，基測作文不能塗改，所以一次就要寫對方向、寫好文章。破題時，把段落大綱、例子、名言佳句等都想一下，就拿「舉例」的段落來說，舉自身的經歷必須要強調生動，可以感動讀者；舉歷史人、事、物，或名言佳句可以彰顯根據性與信服力（這是爲什麼平時要多閱讀，包含勵志小品等）。平日在閱讀時，遇到使自己印象深刻、特別喜愛的文句就抄在隨身的小冊子上。沒事就多看小冊子，可以加深印象，讓這些描述或佳句，成爲你作文的「秘密武器」，一有機會就可以套用上。

7結構上，理想的文章結構是「鳳頭－豬肚－豹尾」：起始段可以考慮各種花式開頭展現創意；中段要能囊括一切可能並且多引用名言佳句；結尾則要簡短有力，在令人印象深刻的餘韻中收尾。

8動筆時，盡量可展現文筆，可多用六級分的字彙與佳句，如果用得巧，也有把握錯別字不太多，就算不完全確定的名言也可以使用，會讓閱卷者印象深刻。

9收尾時，要能總結上文，最好能延續情感、歸納與期望，最重要的是能呼應第一段破題的題旨，讓頭尾串成一體、一氣呵成。

10時程上，一般基測作文必須在四十五分鐘內完筆，寫作中不要在意週遭人的進度，只要注意自己的時間就好，如果最後眞的來不及了，就先交代應付一下中段，但一定要留時間寫結尾，因爲「沒有結尾的文章等於沒有完成」，分數必定不好看。

11文字完成後，最好留下三、五分鐘做最後檢查，包含語句通順、錯別字等細節都要留意；此時若發現句意不通順，想加入文字或句子，以只更改幾個字爲原則，否則，破壞了版面清潔反而得不償失。

2 蓄積語文基本功→英文

語文的學習沒有捷徑，它是累積與練習下的產物，中文如此，英文也不例外。比起中文，英文不過是二十六個字母的排列組合，而且每個字的發音光看拼法與音節就可猜個八九不離十，所以，學英文在技術上一點也不難。

一、靠近使用英文的環境

我們是如何學會中文這個全世界最難的語言？是因爲從呱呱落地開始，我們的父母就在我們耳邊講中文，日後我們的生活環境中充滿著這些符號與發聲，我們也開始牙牙學語，甚至學習記憶並寫出這些比英文還複雜的符號。

我們嘗試將以琳投放在各種使用英語的環境裡，讓她可以自然地學外語，更可以激發學習動機。

以琳在英國的兩年半期間，有半年時間交給英國的保母每天帶半天，當時她的英文程度顯著提高，可以用英文簡單表達。但回到台灣之後，這段學習經驗似乎就煙消雲散。幼稚園時期以琳沒上過美語學校，我們只是偶爾帶著她閱讀英文的繪本。上了小學後為了提升她的英文程度，我們開始讓她上美語班，維持每週三小時的美語課程，一直持續到八年級，她的英文基礎主要靠著補習班的系統課程逐步累積。

把以琳的英文能力向上提升到另一個層次，是在移民加拿大的那兩個月，那一次的國外生活與求學經驗，激起她英文的學習動機。去加國之前，以琳（當時是小五升小六）曾意識到自己在英語檢測上的不足，比起兩個幼稚園時期便就讀全美語環境的妹妹，以琳的口語對話能力相對不自在，也就很少開口說英語。從加國回來之後，以琳告訴媽媽她很興奮，她發現英文是這麼重要而實際的學科，在加國提升的口語能力讓她可以自如地與班上同學聊天，還因此交到許多外國朋友。

二、善用提升語言的工具

英文的基礎在單字，加上簡單的文法，其實在聽說讀寫上，這些也就夠了。

以琳比較小的時候，我們便使用字卡玩遊戲，或借英文繪本與她一起讀書。之後，可以製作隨身攜帶的單字卡，隨時隨地可以拿出來背誦，日積月累下以琳會的單字就越來越多，無論對考試或口語都有相當的幫助。

三、以「英文考試」為方向的讀法

國中時的以琳，在英文上幾乎沒有花什麼心思，因爲她之前已經打下好基礎，學校的英文就顯得簡單得多。但是透過單字與文法的加深，她也發現另外一種與口語溝通或聽力無關，卻與考試成績有關的「英文程度」，那就是國內教育體系內的「考試英文」，也是我們做父母這一代比較習慣的制式英文教育。

我確信，以琳的英文程度還不錯，表現在她的聽、讀、說、寫等日常應用上大致都沒有問題，她甚至還經過英文即席演講比賽的選手訓練，並在雙和區得過名次；但我沒把握她在制式的學校或升學英文考試中一定可以表現優異，畢竟考試成績未必能完全反映英文程度。爲了補強她的弱點，我買了一本教育部要求高中生必備的七千字單字本，要求以琳持續把這本書「啃」完，擴大她的字彙。

我用自己的例子「高中時代背字典，讀《TIME》（時代雜誌）」來勉勵以琳，一個單字如果在不同的場合都見過面，不出五次，它就會成爲你所認識的好朋友，想忘都忘不掉。

四、增加學習動機

就像其他方面的學習，英文是要持續累積的，當我們做家長的發現兒女在英文上沒有花功夫，沒有持續進步，或許該考慮讓她參加一個與英文能夠密切接觸的班級、活動，或考試，創造使用的時機。

父母也可以製造一些刺激，讓孩子能與他人與自己評比，如果她的表現不好，就會有動機要加油，如果她的表現良好，也會有成就感繼續下去，因爲知道把英文學好是重要而有用的一件事。

為了增加以琳的學習動機，在考完基測後，就幫她報名全民英檢中級考試，因為有些同學已經通過這個資格，所以她也樂於接受這樣的挑戰。結果，果然初試就考了聽力一一七、閱讀一一一的高分（滿分一二〇）；複試的寫作與口說也順利過關。

3 培養數學理解力

談到數學，可以肯定的是，我們父母雙方對數學都沒有特別的喜好，更談不上基因遺傳。以琳在高年級之前既沒學珠心算，也沒學圍棋，更沒有補數學。所以，日後，我們運用不少方法提升她的數學能力。

一、參加加強能力的補習班

因爲想補強孩子的數學能力，所以讓以琳參加了資優數學的補習。剛開始她有些挫折，因爲班上充滿了私校數資班的「天才兒童」，解題能力強而且反應超快，老師一出題目就有人舉手搶答，而可憐的以琳幾次被老師點名時，都硬生生被「電」在當場心中非常挫折。

「爸爸，他們爲什麼都這麼厲害？」迷惑的以琳抬頭問我。「因爲他們很早就開始練習這些題目，所以他們可以成爲數學高手，但反應快不見得數學程度就高，若是沒做過的，他們也不見得會啊！」我這麼回答。

因爲班上有助教的設置，當時正好有朋友任職助教，願意課後爲以琳輔導。於是，以琳當天課程或試卷中有不懂的地方，都能在課後有助教指點，而小有壓力的她也眞的認眞思考解題，把心思放進數學的世界；經過三個月，我們發現以琳的表現已經可以跟上一般同學，半年後她就可以進入班上的前段，開始漸漸有自信，也對數學有更深的興趣。

二、打好文字基礎，增加理解力

各學科之間其實是有關連的，很多孩子數學不好是因爲他們連題目的意思都弄不清楚，不知道問的是什麼，怎麼能思考解答？所以對文字的理解力，是數學的必要條件。以琳的數學也是以國文爲基礎，因爲國文好、理解力強，所以很容易讀懂數學題目。

再往下延伸，理化等科目又要運用大量的數學知識作工具，所以數學不好，學習理化也會很困難，這是一脈相承的知識系統，在基礎科目沒有扎好根的孩子，日後面對更多衍生學門時會有更大的挫折。所以，國小階段的扎根，特別是國、英、數這些基礎課目，一定要弄得非常強，運用自如，才能在未來應付生物、理化、社會、地科這些綜合性的學科。

數學的解題不僅需要對題目的理解，而且要有從各種角度進行邏輯推理與嘗試的心智反應，最後再加上計算等工具化能力。所以，數學不能只是用看的，也不能只是用想的，一定要動眼、動腦，加上勤動手。

三、不斷的練習各種數學題目

數學一定要能動手做，常常練習，這雖是不二法門，但也是一般學生很難做到的。平時對數學不去想也不動手做，考試時面對題目當然腦裡一片空白，幾次這樣的挫折經驗，孩子就告訴自己「我沒有數學細胞」，而家長也對孩子的數學不抱期望，這是惡性循環，絕大多數的孩子與家長，都對數學放棄太早，也太「敬畏」。

我觀察到數理資優班中的數學高手，都是對挑戰困難題目興致勃勃的「怪胎」。對我們一般人而言，面對沒看過、沒想過，或沒做過的數學題目，第一時間的反應常常是「好難！」所以我們會退卻，停止對數學領域的探索，當然也就沒能體會到那種「我發現了！」的成就快感。

數資班的孩子對數學是相對比較有自信的一群，他們樂於接受新的挑戰，有的孩子碰到一個難題會整天思考，也會與同學老師切磋，直到把答案找出來；如果有其他人用另外的方法也解出答案時，那種相互比較、相互欣賞的快樂就更高了。

以琳不是反應很快、計算能力很強的孩子，但是她很喜歡新題目的挑戰，也喜歡思考、推理、用心智解題（但不喜歡太複雜的計算，尤其是在時間壓力下），所以她在有較充裕時間，但難度高的考試中通常有較好的表現，但如果是要求快速解題、考反應的試題中，就不會特別優異。

四、盡量多參加數學競試

爲了補強以琳數學的弱點，我讓孩子多參加數學競試，這是讓孩子不怕數學的一種方法。現在各種機構舉辦的數學營、國內外的數學競試多如牛毛，有國家級的科奧、AIME、AMC，也有半官方的JHMC、城市盃，以及中國大陸舉辦的許多數學競試等。以琳七年級時通過AMC10，但再受邀參加更高級的AIME考試時，也曾考過零分，但我們都不以爲意，因爲願意參加各種競試，就已經是一種成就了。數資班之中，因爲同學與前後屆學長學弟都喜歡參加各種競試的挑戰，耳濡目染之下大家多把參賽當成一種課外活動，組隊參加比賽也成爲一種有挑戰性的團體遊戲。

就讀數資班的另一好處，是有很多數學相關的資訊與資源就會主動出現。哪個補習班的教學最優，在同學與家長間都會相互流傳，也會結伴同行。其中，特別值得一提的是我們家中的「家教班」。

五、找數學名師做指導

這是一段機緣：七年級剛上數資班時，就從其他家長處聽說有一位金華國中的數學名師願意主動免費教導「數學資優」的學生，但前提是不涉入任何的金錢，且家長要負責接送；這位老師非常有理想性格，也很堅持原則，甚至對外租場地或租計程車來接送他都不許。爲了要讓孩子有「名師」傾囊相授，我們家決定「open home」，歡迎這位老師與以琳班上有興趣的其他九位同學一起來我家中上課，就這樣，這個不收費的「數學家教班」利用國中兩年多的時間，把高中三年的數學幾乎全部走過一次。

這位數學名師的理論是：數學是一個又一個完整的體系：如幾何、代數、三角函數、微積分等，每個體系都有深淺進階，對於已經可以再升一級挑戰的孩子，應該給他們多幾次的接觸機會，第一次不懂沒關係，下一次碰到就會比較輕鬆，而第三次接觸可能就會「豁然開竅」，甚至「融會貫通」。只要讓孩子在不懼怕、有興趣的狀態下嘗試，進而挑戰自己的極限，「數學程度」就是在不斷地接觸中累積而成的。

這位老師是以琳的貴人，連我們家長都從他身上看到、學到許多東西；他目前已經退休，但是還在對台灣的數學教育作不求回報的付出，我們家的老二也有幸自小三開始與他學習，數學的啓蒙教育很重要，遇到懂得誘導與挑戰的老師，可以激起孩子的學習動機，若有這樣的機會，一定要好好把握。

4 挑戰自然科延伸學習

國中三年級中的自然科學包含七年級的生物、八年級的物理、化學，九年級再加上地科。其中，生物與地科與數學關係較少，但物理、化學兩科則與數學關係較密切。準備起來，可以針對性地一起做合宜調整。

研究有趣的生物與地科

以琳七年級時參加「小論文競賽」（類似科展，較小型），選的題目就是觀察永和國中的喜鵲群，記錄這種大型都市鳥類的生活習性，因爲是屬於生物類，所以開啓她對生物研究的興趣；生物的學習重點在「有興趣」，因爲每個單元都是日常生活中鮮活可見之物，應該可以讓生物成爲有趣的學問，如果學生有興趣，加上理解力，再配合少許的記憶，就可以把生物學好。

地科方面，爲了平衡學習，以琳在國二時就選地科作爲專題，做過許多查資料、作圖表，以及翻譯原文的基本功課，透過每個禮拜專題要交的地科作業準備，她可以超前進度，預先在國二時把國三的地科走完一次。而上課看投影片、做實驗的結果，也讓她不害怕地科，甚至原先國二科展時有興趣做地科方面的研究，只是後來因爲有同學找她一起做生物的題目才改方向。地科與生物相近，理解加上一點的記憶，大致就可以應付裕如。

挑戰更高深的物理與化學

八年級開始的物理、化學雖然是新的領域，但可以追溯到小學時代的自然課。理化是自然科學的基礎，但因爲理論多而且抽象，所以這兩科常成爲決勝關鍵。以琳在報考國中數資班考試時，「自然」也是其中考試的項目，甚至在複試時還要考實驗，當時就有許多理化的學習，對她八年級開始學理化當然有幫助。雖然如此，一般女生對物理、化學通常比較不擅長，以琳剛開始時也有這樣的現象，在經歷一個學期的自我摸索後，因爲我們做父母的也幫不上忙（我們連國中的基本理化都已經還給學校了），就決定要尋求輔助教學，幫她一把。這方面的經驗分享如下：

一、家教或補習

對以琳而言，初期有人能針對她的問題幫忙解釋與說明，也就夠了；因爲學校的理化老師已經有系統地在教授課程，所以我們起初只找了一位大學生到府家教，他主要功能就是讓以琳有個請教的對象。也因爲以琳主動學習，半年之後，理化已經不再有什麼大問題，老師於是也主動請辭，因爲自己覺得差不多沒有什麼可以教給以琳的。日後，基於彼此的情誼，偶爾在他時間允許的狀況下，我們會請他來家裡上幾小時的「陪讀」，讓以琳把累積的問題一次請教。家教老師也很負責，當場解不了的題目，就帶回去找答案，下次再解答。而我們每次上完課就付費，這也是一種補習的方式，讓彼此更有彈性，也讓學習更有效率，錢都花在刀口上。

八年級時以琳爲了準備奧林匹亞競試，主動請求要進入許多同學已經就讀已久的一家理化專科補習班。當初要插班入學八年級時，還要經過班主任的筆試與口試才能插班，還好有數資班的基礎，以琳從此進入補習班，但自此以後，理化兩科再也不曾困擾過她。

二、研讀輔助的參考書或教材

爲了維持水準與跟上學校專任老師的挑戰，對於高中範圍或舊教材中較難的部分，以琳學會自己到書店找參考書或輔助教材，來研讀並勤做題目。有些單元在初次接觸不完全了解時，她試著半猜半背地做題目，這樣的學習動機，最初可能只是爲了應付每天的大小考試，後來因爲練習多了，也透過家教或補習班逐漸補強，甚至漸漸可以超前把國三課程走完，然後挑戰高中程度的理化。

理化的參考書、教材，與琳琅滿目的科普雜誌與書籍，都是自我挑戰的工具，當孩子有基本的理化知識與學習工具後，就讓他們自己去找這些輔助教材，順其自然累積理化的興趣與能力。

三、超前學習，挑戰難度

永中數資班的理化課程通常會超前學習，在九年級時已經進入高中理化的領域。但因爲她和同學們都不自我設限，把能超前學習當成是一種挑戰與成就，所以大家都不怕難的單元：數學敢挑戰三角函數、向量與微積分，也幫較高深的高中物理單元如光的折射、斜拋、直線運動等打下基礎。

這個世代環境中的學習工具非常豐富，任何名詞與觀念只要上了網路就可以查到，所以對主動學習的孩子而言，幾乎沒有什麼是學習的界線，只要主動積極，對於有意願與能力的孩子，我看不出提前學習有什麼問題，孩子若有超前的興趣與能力，作父母的要爲他們準備好學習路徑，讓良性循環繼續向前。

四、自己找答案，學習更深刻

在九年級準備基測時，補習班的理化、生物、地科同時交錯學習，因爲考試一波接一波，都必須讀書準備，不懂之處甚至自己要上網找答案，但這種自己找出來的答案一輩子都忘不了。而學校上課則著重實驗，與同學們一同觀察與記錄實驗結果其實是一件好玩的事。多寫作業與習作，或自己買考卷來自我測試也可以變成一種具挑戰性的遊戲。在家中以琳會大量練習、寫考卷，而媽媽就會拿紅筆對答案後幫她改分數，這幾乎是母女兩人每天的「遊戲」。

理化首重概念，除化學的某些部分需要記憶之外，其餘都須融會貫通，所以對於新的單元，以琳一定先看完觀念，理解後再寫題目，如果有些部分考出來錯誤較多，就表示這部分的基礎沒打好，必須回到課本把原始的觀念弄清楚。勤做各式各樣的題目可以將觀念牢記並活用，也可以由此找出自己的盲點或錯誤。

任何一個單元如果讀寫反覆三次，就可以達到熟練的地步，考試當然就不難了！

五、集思廣益，相互學習

以琳習慣在寫題目時，會把不懂的問題累積起來，然後一次請教學校老師或補習班老師，有時要主動約老師的時間，甚至私下請教，因爲大部分的資優班老師都很有熱忱，也樂意幫助有強烈學習動機的孩子，所以通常都可以找到時間解決。如或不行，就去找幾位該科目特別強又願意交流的同學，大家集思廣益，相互學習，這也是置身在資優班的另一好處，當然，平時也要對別人有所「貢獻」幫助別人的學習，這樣當你需要時，同學才會拔刀相助。

5 打開社會科記憶訣竅

歷史、地理、公民組成的社會科是所謂的「背科」，因爲主要的重點在於記憶，以下我們分享一些記憶的訣竅：

一、共同技巧：專心、勤記、仔細

相對而言，以琳對社會科比較無法提起特別興趣，所以這方面的學習表現也就比較不突出。事實上，這些科目在上課時要專心、勤做筆記，讀書要仔細，注意細節，平時就要多接觸比較深入（或比較細）的題目，考試時就會覺得簡單。

在基測前的幾次模擬考中，以琳因爲不夠細心，或準備得不夠扎實，社會總會被扣一些分數，最後一次模考甚至一次錯了六題，讓她緊張之餘，把社會科當成最重要的衝刺科目。小心與用功的結果，在基測時社會就考了滿分。

對於這樣的背科，只能說一分耕耘、一分收穫，除此之外就是看考運了。通常，細心與用功的孩子，在這方面會有比較穩定的表現。

二、針對性地提高記憶力

地理科以琳會記地圖與方位，加上我們家常常一起開車旅遊，讓她對地理的興趣可以提升；歷史科方面，她在考前自行製作年代圖表，也把內容當故事來讀，但記憶的功夫還是要下得深；公民科是以琳的弱項，課本看完很簡單，但一定要注意到細節，考試若遇到以時事或常識命題，很容易出錯或不會答題，所以，平時多注意報章雜誌，多了解現代社會與政府運作，必定會有幫助。

6 解題技巧與筆記示範

針對失誤不得的基測考試，以琳提出以下的基測解題技巧：

1要廣泛充實自己的實力，熟習各種可能的題目與問法，讓自己沒有把握的題目越少越好。

2拿到考卷先做一個總覽，讓自己知道整個考卷的分佈，告訴自己一切都在掌握之中，然後才定心下筆。

3答題時不必求快，要求一次就做對，但若有不確定的題目，先做個記號，答完全卷檢查時，優先再從不同的角度來思考這些難題。

4遇到不會的問題，先努力思考或搜尋記憶，如果還是不會，就跳過去，不要鑽牛角尖，切忌影響其他題目的回答，或浪費寶貴時間。

5對於不會的問題可採取消去法，將不可能的答案去除後，剩下的則爲可能答案，再由題目來猜出題老師的心意，選取邏輯上較爲可能的答案。

6若眞的還是無法決定，通常選B或C，猜中機率可能較高。

7答卷完畢一定要放空自己，集中注意力重新檢查至少一次，如果還有時間，再檢查第二次，絕對不提早交卷。

8先由不會的題目開始，努力想到會或「逼近」找出答案（只是選擇題而已），然後把不確定的再仔細思考一次，最後則是用不同的方法（比如說將選擇的答案代入題目中，反向檢查），把所有會的、已答完的題目全部細心檢查過。

至於以琳平時的準備功夫，其實在課堂筆記與複習時的歸納整理上，都可以看到她的用心，附上一些實際的筆記樣本，謹供參考：

＊上課筆記的技巧：

字要寫得快，需要練習「邊聽邊抄」。

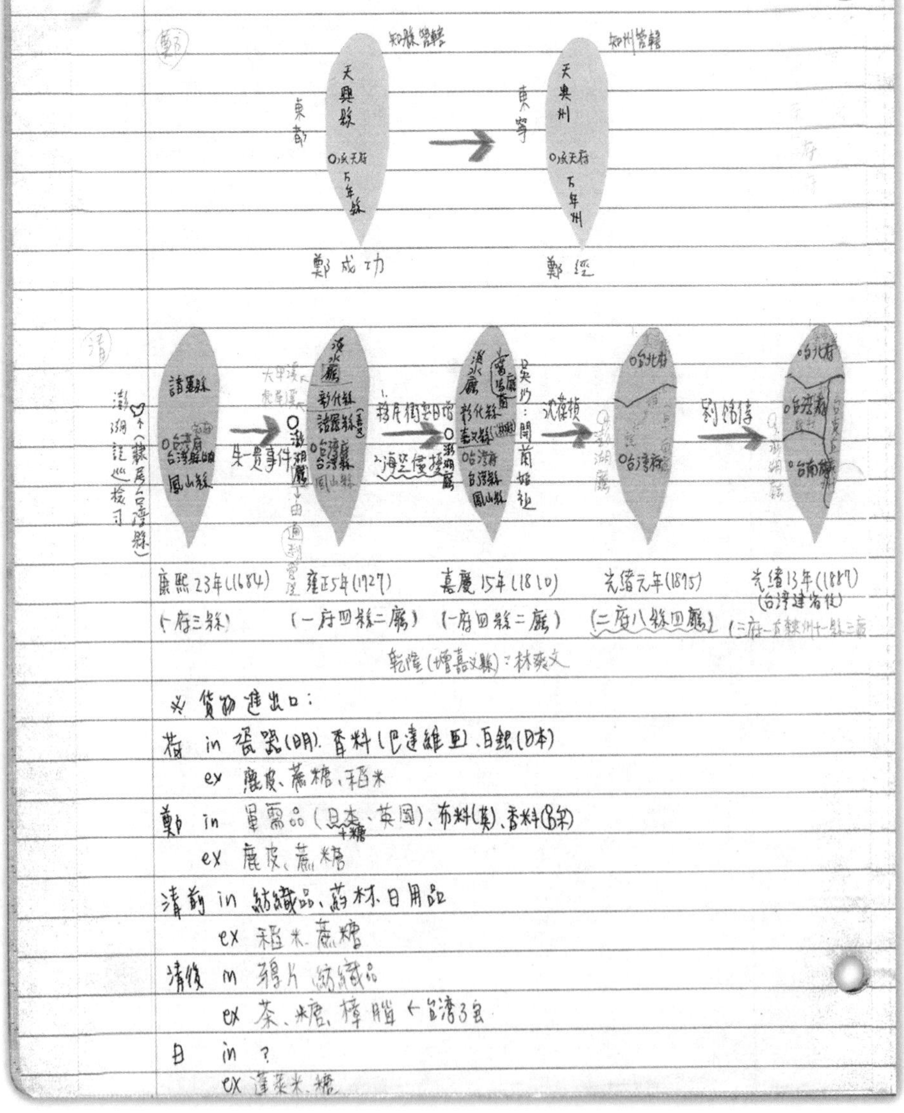

＊課後筆記：

邊看書邊整理重點，透過立即的回憶，將自己的想法一起整理，以後複習時較有重點。

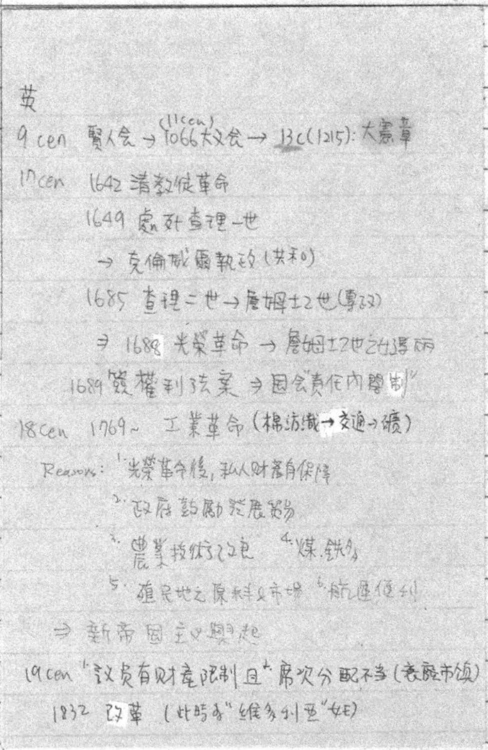
英
9cen 賢人会→(11cen)1066大议会→13c(1215):大憲章
17cen 1642 清教徒革命
1649 處死查理一世
→克倫威爾執政(共和)
1685 查理二世→詹姆士2世(專政)
⇒1688 光榮革命→詹姆士2世之[illegible]
1689"權利法案⇒国会責任內閣制"
18cen 1769~ 工業革命(棉紡織→交通→礦)
Reasons: 1.光榮革命後，私人財產有保障
2.政府鼓勵發展貿易
3.農業技術改良 4.煤、鐵多
5.殖民地之原料&市場 6.航運便利
⇒新帝國主义興起
19cen "議員有財產限制且"席次分配不当(衰廢市鎮)
1832 改革(此時為"維多利亞"女王)

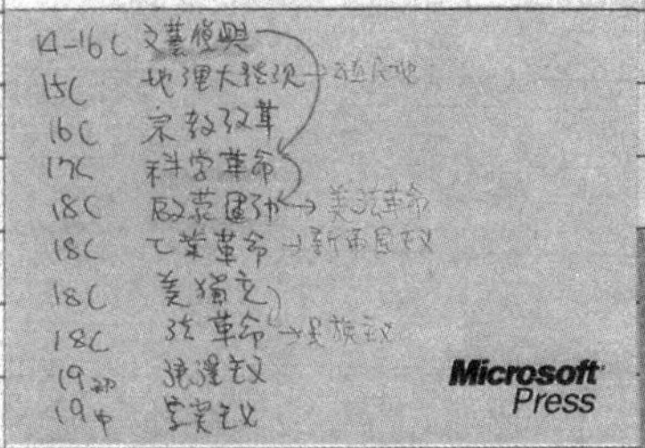
14-16C 文藝復興
15C 地理大發現→殖民地
16C 宗教改革
17C 科學革命
18C 啟蒙運动→美法革命
18C 工業革命→新帝国主义
18C 美獨立
18C 法革命→民族主义
19c 浪漫主义
19c 寫實主义

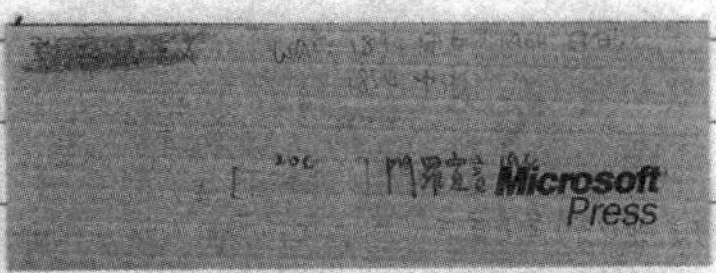

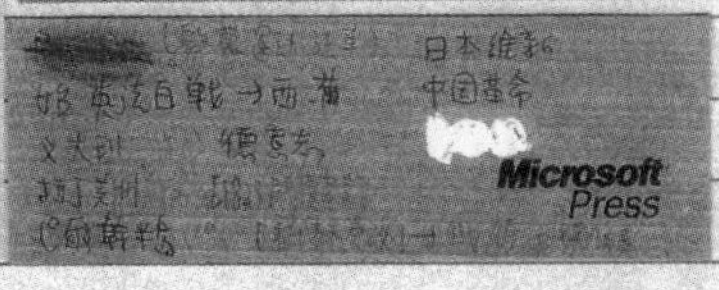

		日本:
18C	工業革命	7cen 大化革新
	美國獨立	9 諸侯割據
	法國大革命 (1789~1815)	12 幕府 - 源賴朝建鎌倉幕府
	開明專制	14 足利义满建室町幕府
	啟蒙運动	17 德川家康建江戶幕府
19C	維也納会議 (1814~1815)	16 地理大發現
	門羅主义(1823) ← 新帝国主义 ⇒ 20C 巨棒金元外交	17 德川幕府下令鎖国 1633 (只准荷比葡使日[illegible]
	達爾文進化論 (1859) ⇒ 新帝国主义	1853 美 → 簽不平等條约 (1854)
	南北 war (1861~1865)	1867 尊王攘夷 → 大政奉还
	馬克思资本论 (1867) ⇒ 共產始	1868 明治維新
	明治維新 (1868)	
	义大利、德帝国建国 (1871)	
	柏林会議 (1878)	

＊運用對照與聯想，達到加深印象的記憶效果。

社会運动	1921	台灣議会設置請願運动 → 爭取設立台灣議会（15次 → 失敗）
	1921	台灣文化協会成立（林獻堂．蔣渭水）→ 後設台灣民眾黨（蔣）
	1923	《台灣民報》成立於東京（First 報紙 in Taiwan）1930 改名《台灣新民報》
	1935	半自治
民	34	中華民国政府接收台灣．成立"台灣省行政長官公署"．陳儀為行政長官
中華民国	36	二二八事件 ／ 动員戡亂（37）
	38	中華民国政府播遷來台 ／ 戒嚴
民主化歷程	75	民進黨成立
	76	蔣经国解嚴（開放大陸探親）
	80	廢动員戡亂（李）／ 改選中央民代
	85	總统民選 89 第一次政黨輪替
	35	鄉鎮民代＆村里長民選
	39	公布「台灣省各縣市實施地方自治綱要」→ 縣市議員．縣市長民選 → 地方自治開始
	83	省．直轄市長民選 → 地方自治落实
外交		二岸關係衝突：民38古寧頭戰役．47「八二三」砲戰
	43	中美共同防禦條约（韓戰 39）
	60	被迫退出聯合国　　　　鞏固（38~60）→ 彈性（60~77）→ 務实（77~）
	68	共．美建交．中．美断交 → 採彈性（民60）．務实（民77）政策
经濟	38	三七五減租（38）→ 公地放領 → 耕者有其田（42）
	42	六期4年經濟計畫
		民42-54 前三期：進口替代
		55~64＊後三期：出口導向　＊石油危机（世界经濟不景氣）導致
	62	石油危机 → 十大建設
	68	十二項建設　69 新竹科学園區
	73	十四項建設 ／ 提出"自由化．國際化"
	79	国家建設六年計畫
	80	加入亞太经合会（APEC）
	90	WTO

7 策略決戰基測

九年的義務教育，決定性的一役在於「基測」，雖然遊戲規則有所不同，但現在的基測相當於我們當時的「高中聯考」，已成爲孩子們必須要超越的最後柵欄，也對孩子日後的發展產生深遠影響。

最後一學期是基測的「備戰階段」，這時候學校會用一些方式開始留校輔導，按部就班地帶領這群孩子面對他們人生的第一次大考。當以琳告訴我：「現在我們的身分是考生，不是學生」時，我彷彿看到一個頭綁「必勝」白布條的武士，也讓我想起當初考研究所時那種破釜沉舟的決心，小丫頭看來企圖心不小，我就放心了。

最後階段，如何準備基測考試呢？我們總括了四個策略。

策略1：「守勢作戰」比「攻勢作戰」更重要

基測是屬於「中間偏易」的考法，有人說是考細心，也有人說是考運氣；眞正的重點是：把自己所有可能的「缺點」與「盲點」都補起來，讓自己練到近乎「無懈可擊」，勝利自然手到擒來。

所以，基測準備策略上「守勢作戰」比「攻勢作戰」更重要，不必在困難的問題上鑽牛角尖，但要確定所有基本的、該會的都一定要「不失誤」。

以琳的資優課程常常上超過國中程度的範圍，這是「攻勢作戰」，因爲其目的在讓自己更強，但到了準備基測的最後階段，難免要犧牲一些繼續往前超越的「雄心」，轉而大量地做複習、地毯式地把自己可能出錯的部分找出來，當你練習到幾乎不可能出錯時，也就是你達到了顚峰狀態，可以應付要求「近乎完美」的基測了。

策略2：考前適當地「歸零與放空」

以琳配合學校模擬考進度，開始精讀課本，也開始重複練習各種習作及考卷。

當她把一切完成時，大約已經是進入考前一百天的階段，有一次週日晚上家庭聚會時，她突然說不知道還要讀什麼，那是一種好像使不上力，又有些迷茫不知下一步要做什麼的感受，我知道她在這個馬拉松中又面對了一個「撞牆期」，於是給她的勸告是：歸零與放空，趁著還有三個月，與其患得患失不如埋首把所有過去累積的課本、習作、試卷重新走過一次；正如登山者不能一直看著遙遠的山頂，他必須小心踩著每一個腳下的石頭，一步一步向目標前進。

初聽我的建議時，以琳放聲大哭，認爲自己不會有時間把三年的東西地毯式地再走一次！然而第二天開始，我發現這個小女生開始把所有的課本、習作、考卷分門別類地整理成一疊一疊，我知道她正在給自己一個可以做得到的「挑戰」！

接下來，她就埋首在書堆中了，她把其中錯誤的、不理解的、困難的題目都勾勒出來，遇到不熟悉的單元她重新回到課本，放空自己再讀一次。這樣的方法，雖然耗時，但卻是最有效果的「弱點補強」；於是，地毯式全面走過所有教材要花兩個月；但最後一個月她就可以放心而且扎實地針對上一次標記的重點來掃描，針對疑問或錯誤的部分做最後的補強。

在最後一週有個重要訣竅，就是只要放鬆心情瀏覽課本及筆記的重點，並且「做較簡單的歷屆試題」以提升「自信與臨場感」。這是個關鍵的步驟，因爲上場應考前不可能不緊張，而如果能有建立自信心的方法，不僅可以緩衝心情，那種氣勢如虹的信心，對於考試手氣眞的是大有幫助。心理與生理是互相影響的，有了自信心，身體精神狀況也會變好。

策略3：保持體力與心理最佳狀態

基測準備是一場馬拉松賽，必須有競賽策略，因爲路程很遠，必須要先確保自己居於領先群，但也不必放盡氣力、全力衝刺，畢竟保留體力是很重要的！

進度上，只要跟著學校的進度一次又一次進行地毯式盲點與弱點的掃除，當你的盲點與弱點越來越少時，基測也就手到擒來。

過程中，考生的心理素質與紀律最重要，最後的衝刺階段反而要放鬆心情，相信自己。

最後一週，身爲父親的我不僅要求她每天十一點前上床，而且會在床頭爲她按手禱告，全家也必須配合辛苦的考生，把電視、休閒娛樂等暫且排除，讓她知道我們全家與她並肩作戰，早睡早起，頭好壯壯地上考場，是最後幾天的重點。

策略4：上考場應注意的細節

考試當天，因爲天氣炎熱，淑芬一早隻身到考場搶先進入有冷氣的體育館，爲以琳準備好休息的地方，然後到教室中確定桌椅是否搖動，若有可用廢紙墊穩；再查看考場抽屜是否有蚊蟲垃圾，若有則先驅趕以免影響考試，這些細節是家長可以幫忙的。

考試前半個小時，我才把以琳載到考場交給淑芬，略做環境的適應後便進入考場，不讓她太早進入考區是避免消耗她的專注與體力。進場後家長就只能爲考生禱告了。

中間休息時，不要問上一科考試的題目或考得如何，更不要讓考生與其他同學彼此對答案或交談以免影響心情，此時提振精神的冰毛巾及隔絕外界聲音的MP3爲必備用品，持續讓考生處於備戰的專注狀態。

中午休息時，如果時間許可，可以回家沖涼並換上乾爽的衣服，也有家長利用在考場附近有冷氣的餐廳或旅館讓孩子午休，中午盡量小睡片刻（但不宜睡熟），下午才有精神面對考試。

第一天回家，不要看報紙或電視，也不要討論，以免影響心情。第二天按第一天的程序順利走完，考完先放鬆（可以帶去逛街或吃個大餐），但也不要對答案，等隔天再說。

有了這四個策略，以琳就這麼順利地、滿意地走過她人生的第一次大考……

PART 006

成為優秀的必要條件

在我們家中，運動、藝術、信仰，
這三個必須具備的生命經驗，
就是我們送給孩子一生受用的禮物。

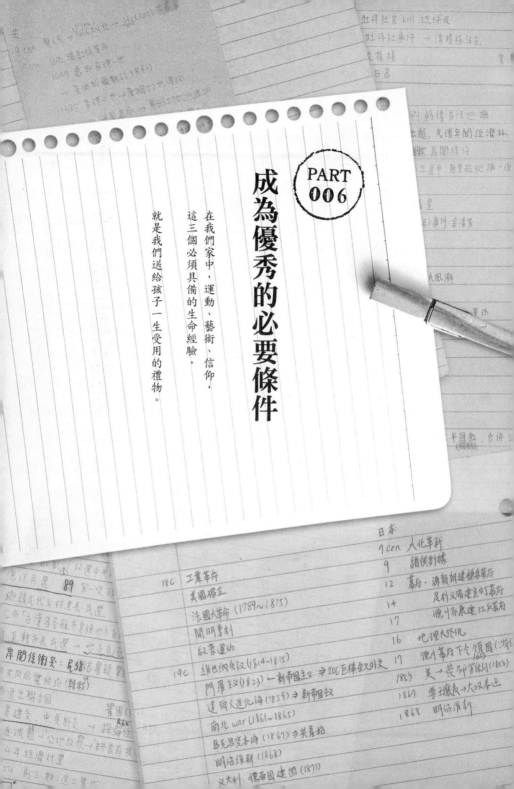

1 一生中的三個好朋友

享受美好人生必先建立成功者的習慣，而習慣的養成須透過經驗的持續累積。在孩子的學習過程中，有些經驗是做父母的我們希望孩子們能經歷，並且享受一輩子的；親身體驗過這些美好經驗後，這些習慣就會被養成，並且成為孩子一輩子的好朋友，不僅能幫助孩子應付時下沉重的課業學習與日後工作職場的挑戰，對於他們身心健康與人生境界的提升，更有莫大助益。

在我們家中，運動、藝術、信仰，這三個必須具備的生命經驗，就是我們必須送給孩子一生受用的禮物，無論投入再多的時間與金錢，都是值得的。

我對以琳說：「爸爸一生經過許多高山低谷，爺爺在爸爸國三時去世，年紀小小的我就必須靠自己探索人生路程，這過程中難免孤獨與徬徨；還好我在大學時認識了三個好朋友，從此陪我走一生的道路。現在，我也想把這三個朋友介紹給妳認識，以後就算爸爸媽媽不在身邊，只要這三個人生好友常常陪伴，妳的身心靈三方面都能維持平衡，我們也就放心了！

第一個朋友是身體的好友名叫『運動』，有了運動陪伴，讓妳心情愉快，身體健康，也讓妳更有自信、勇於面對挑戰；

第二個朋友是心理的好友名叫『藝術』，有了藝術相伴，它教妳體驗人生的美麗，讓妳有細緻的敏感度來經歷生命的深度，也豐富這一趟人生的旅程。

第三個，也是最重要的人生摯友，名叫『信仰』，祂是靈命的根基，是妳回應創造主宰的態度與方式。爸爸相信天父上帝對我們每個人的一生都有個最完美的計畫，我們雖不知道自己的未來將如何，但深信祂掌管一切，必然爲我們開路，帶領我們走完人生的旅程。」

2 第一個好朋友——運動

培養孩子運動休閒的習慣，除了可以鍛鍊體魄，還可以幫助他們舒緩心理壓力。

剛進小學時，在期中與期末考都名列前茅的以琳，在學期總成績上竟然沒有前三名。爲此，失望的以琳哭了一晚。成績單發下來，發現是以琳的體育成績拉低了平均分數。

於是，在運動方面，我和淑芬運用了循循善誘的方式，讓她不僅交到「運動」這個可以伴她終身的好朋友，同時也幫助她不因爲體育成績而影響總學習成績。

低年級時的以琳，和現在「陽光女孩」的形象大不相同。當時，因爲長得比較高大，因此在班上所有的體育活動中都排在最後一個上場學習；加上性情比較內斂的以琳也不適應學校的教具（太小太輕的呼拉圈、輕飄飄的毽子等），所以被老師歸類爲「沒有運動細胞」那一群。因而，體育只拿到甲。

看著以琳的眼淚，於是我想著：「讓她參加一個暑期運動營吧！只要能精通一項運動，就可以培養出運動細胞，我們家以琳雖不是體能生命強韌的『放山雞』，但也絕對不是軟趴趴的『肉雞』！」

正好學校有個暑期桌球營，我立刻幫她報名參加。以琳揮汗打了一個暑假後，爸爸收到教練的一封信：「恭喜貴子弟因爲訓練成績優異，獲選加入校隊。」驚覺自己女兒竟是運動天才的我，當然毫不考慮地掏錢參加校隊訓練。後來，才知道球隊因爲要請教練，經費短缺，所以一定要有一些「贊助學生」，那就是「以琳者流」。但是那又如何，至少不太運動的以琳開始有了「校隊」級的體育集訓。

然而，以琳初入校隊不久，卻哭著說不想練了！原來，原先校隊就已經有一批女孩打得不錯，且彼此熟識，形成小圈圈，讓以琳難以融入，甚至在言辭與臉色上遭到老鳥的排擠。於是，我鼓勵以琳：「妳是來打球，不是來交朋友的，她們不跟妳玩，妳就自己好好練習，等哪一天妳的球技超越她們時，就會有許多人羨慕妳，也會爭著跟妳做朋友！」

以琳果然發憤練習，並且在教練的指導下球技精進。

爲了支持以琳打球，我常常利用週六上午的空檔到她們桌球隊一起練球。教練喜歡讓小孩子與不同球路的對手比賽，所以我經常上場「欺負」小朋友，之後則是常常被她們欺負。後來，我也帶著以琳與其他朋友一起比賽，漸漸的她也可以打贏我了，這對她的體育自信心增強不少。爲了提升她的信心與興趣，父女對抗時我常常要留一手，每次她打敗我時，都非常有成就感。

一年後，桌球隊南征北討，以琳開始成爲主將，並且在小四時拿過縣賽的團體組第二名。

升上了國中，以琳國中最喜歡上的課就是「體育課」，班上九個女生中她的體育一直是佼佼者，同學們都說以琳厲害，連體育也拿手。其實，這便是拜國小桌球校隊的一番苦練得來的。精通一項運動的人，在體力、肌力、反應、運動細胞與心理質量各方面，都能觸類旁通，其他的球類、跑步、游泳也都難不倒她。

事實上，每天的運動在她發育的階段扮演非常重要的身體促進角色。這段期間，也是以琳由以前「嬰兒肥」的體態，一下子拉高變瘦的關鍵時期，孩子「頭好壯壯」才是父母眞正的安心。

培養孩子運動休閒的習慣，除了可以鍛鍊體魄，還可以幫助他們舒緩心理壓力。

九年級時，以琳因準備基測而緊繃的心緒，需要運動休閒來舒緩，所以在基測之前，我們每週的家庭聚餐、逛夜市等活動還是不可少，她的大提琴課雖然停了幾個月，但自主、隨性式的彈鋼琴，甚至偶爾向同學借漫畫，或上網玩玩小遊戲，都不在禁止之列，她自己可以決定，如何舒緩自己的心情。

在大考後，其他要考北一女數資班的學生可能立即開始補習，或進入衝刺階段，我們則是安排了一連串的活動：首先，全家與以琳班上同學先到花蓮旅遊四天（我們一切活動都把握集體享受的原則，所以家庭出遊）；其後，家中四個女人自行安排五天四夜的東京旅遊（爸爸工作太忙，無法連續請假）；回來後又與媽媽參加連續爲期一週的「台大網球營」，曬得一身古銅色的皮膚。

基測考後，以琳也已經成爲一個「陽光女孩」，懂得掌握休閒運動與努力唸書中間的節奏與平衡。

3 第一個好朋友——藝術

每個孩子都好玩，因爲他們是從遊戲中學習的。把握這個原則，其實藝術的薰陶就很容易入手了。

以琳這一代，生長在物質較充裕的年代，只要願意，從幼稚園開始，就可以選擇各種才藝課程，如鋼琴、舞蹈、話劇、美術、勞作等，這些都是美學的一部分，但是家中的父母也一定要有自己的藝術喜好，以身作則讓孩子也學習欣賞美的事物，我所談的並不是爲了功利目的、安排讓孩子以後走這些專業路線，而是讓孩子學習擁有美的感受能力。

我們家族中沒有什麼藝術家，不過對音樂的喜好似乎有點遺傳。我的母親從小就喜歡唱歌跳舞，而我從小雖沒學過音樂，也沒有環境學樂器，但對音樂的喜好純粹是一種欣賞，有時候彈彈吉他、唱唱歌自娛一番，因爲相信「快樂的時候，如果不唱歌，快樂就會消失一半！」所以，我也讓孩子們有個觀念—要讓音樂陪伴，就要時常在心中或口中讓音樂流洩出來。因此，音樂，是我們培養以琳藝術經驗的起步。

我們希望先培養以琳音感與興趣，於是五歲起到「山葉音樂教室」學彈鋼琴開始，然後持續找家教來家裡上課，每週一小時，持續到國三的階段。隨著這些訓練與練習，以琳的音感非常好，聽得懂、腦子裡有旋律，雙手便可以流暢地彈出音符，自己也會摸索伴奏。

到了青春期後，彈一些喜歡的流行樂或卡通影集的主題曲，變成以琳紓解壓力或讓心情愉快的活動，我們也常欣賞她的演奏，樂在其中。

從鋼琴打下的樂理與音感，讓以琳在學習第二樂器上能夠很快就上手。爲了進入永中的弦樂團，以琳自七年級開始練大提琴，一年之後正式進入樂團，也跟著到校外比賽與演出，這些都是很美好的經驗，對參與其中的父母來說，也是美麗的回憶。

音樂之外，以琳的藝術經驗還包括繪畫。就像所有小女生一樣，以琳自小也喜歡畫娃娃，甚至也畫一些像是漫畫中的角色與人物，這是她小小的興趣。以琳的課本、參考書，甚至家長聯絡簿中，不時出現一些讓人驚喜的人物素描，她甚至保有一本繪畫本，把自己的「傑作」都收錄起來。這些東西都是她小女孩的私密活動，就像她腦中的音樂、指下的琴藝，她都不願以此炫耀，因著她害羞的本性，我們也都不能「要求」她爲我們彈什麼或畫什麼。所以，她的藝術表現，純粹是爲個人情緒的抒發與享受而存在，不帶有任何功利的目的，也不是父母用以誇耀的投資。

另外，在學校的「生活科技」課（約當以前的勞作或工藝課），以琳也很喜歡動手做工藝品，常常有些讓人驚豔的作品，還常常被我們拿來陳列，當成家中的裝飾品。

其實，孩子的任何作品在自己眼中都是一種寶貴的創作，也都符合他自己獨特的美感，所以做父母的一定要鼓勵，如果他眞的在某些方面非常著迷，或許他眞有這方面的天分，父母應該考慮讓他持續發展，有性向與興趣後，或許可以走專業化路線，成爲日後長大的事業。

4 第三個好朋友──信仰

人生是什麼？我從哪裡來？要往哪裡去？這些都是基本的人生觀，也與信仰息息相關，能有一個肯定的答案，對於他們行走自己的人生道路絕對有幫助。

有一個學習領域是我們家中非常重視的，那便是「信仰」。

以琳與妹妹自小在教會與團契的環境中長大，因爲父母的好友多是基督徒，每個週日、週末都一定會有信仰相關的活動，所以她們耳濡目染的也非常習慣基督徒的聚會與教會生活。

我們做父母的當然期待她能被主觸摸，經過自由意志的選擇成爲上帝的兒女，但信仰的事必須由她們自己決定，因爲上帝只有兒子，沒有孫子，不能因爲我們是基督徒，女兒們就一定是基督徒；父母沒有辦法改變兒女的生命，只有天父能夠讓她們重生、心意更新而變化。所以，身爲父母的我們只能在眞理的知識上或個人的屬靈經驗上與女兒們分享，再用持續的禱告與維持家中屬靈環境等方法來求神開啓女兒們的心眼。

三個女兒中，自主意識最強、性格最鮮明的非比是第一個決志走出去受洗的孩子；蕾潔在小二時也決志並受洗；以琳則因爲非常理性，也有點害羞不喜歡在人前顯露，所以心中雖然接受上帝，但一直還未在人前決志，也沒有受洗。但我們深信上帝的印記已經烙印在她的心版上了。

以琳擁有信實、負責任、可教導的人格特質。當這些屬神的特質開始內化在她的性格與價值之後，其實她距神國已經不遠了，我們也對她的一生都非常放心，因爲深信天父必定看顧她，也爲她的一生準備了豐盛的人生道路。

從小啓發兒女更高層次的好奇，在人不能的地方，只有交給上帝，而人生中有太多難關、太多問題，不是孩子，也不是父母可以解決的，這時候，必須倚靠更高層次的智慧與力量。

信仰與其他的人生選項一樣，都是要自己選擇後自己負責的，孩子不能經由父母成爲基督徒，他必須自己與上帝產生互動的經驗，然後自己決定要成爲神的兒女。

以琳自小乖巧地與我們上教會，但也曾在長大後告訴我們主日學很無聊，因爲親情的拉力，現在她持續去教會，我們深信上帝對她的帶領有其時間表，終究，她會在眾人面前宣示她的信仰，心裡相信、口裡承認，願意作爲神的女兒，走在祂安排的道路上面。這樣的事需要的就是父母的持續禱告，關鍵的時刻終究會到來，不必給她太大的壓力。

好玩的是對信仰理性面對的以琳，行動上倒是深諳「臨時抱主腳」的奧秘，每次重要考試前夕，她都要求我們爲她按手或按頭禱告。我們家在考場裡最特殊的場景，就是爸爸或媽媽按著以琳的頭爲她祝禱，求耶穌帶領度過考試的試煉，也按祂自己的旨意獎賞以琳。

奇妙的是每次經過認眞禱告的考試或比賽，往往都會出現好成績；反之，缺乏禱告支持的競賽或考試，就像所有準備不足的活動一樣，其過程與結果就好像耕耘乾旱無水之地，難以期待豐盛的結果。

在我看來，這一生能夠傳給孩子最珍貴的餽贈，就是我的信仰—我倚靠的上帝。我與淑芬常常爲女兒們祈禱，把養育她們過程中的大事小事統統交託給上帝，所以一直覺得教養孩子其實很輕鬆也很享受，這都是因爲信仰的緣故吧！我們不把她們的養育責任一肩擔起，更不必爲她們的人生處心積慮地規劃，因爲知道上帝對她們每一位，都有一個獨特而完美的計畫，正如祂對我與淑芬也有的完美計畫一般。

5 一生中的六本書

看著以琳成長過程中的言行，我們發現她自己將這些學習與價值內化到她的生命特質之中。在孩子五到九年級這段關鍵轉變期，父母最重要的教養工作是「塑造優秀的人格特質」，讓他一生受惠。常有朋友問我們，爲何以琳各方面表現都很優異？根據我們近距離觀察，以琳在小女孩時期，其實慢慢讀通了一生的六本書。

這六本書就是自律、節制、勤儉、成就感、負責任以及把學習當遊戲。

第一本書：自律

他律是自律的基礎，先要接受嚴格的教導，完成他律，才能放手讓孩子上路，達到自律。

原來很「粗心」的以琳，經過媽媽不斷地提醒與要求，逐漸開始學會自己準備學校的大小考試。到了五年級時，每次遇到了期中或期末考時，在考試前二到三週，以琳就會在記事本上安排預備要寫的評量及測驗卷的數量，以及完成這些「作業」的時程，自己也開始學習做各科的筆記，記錄重點。

五年級的以琳已經大致可以有效地規劃自己的時間及進度，這就是一種「自律」的表現。從此，她的學習與考試不必再依賴父母的耳提面命，偶爾的提醒只是代表父母的一種關心。

很多父母也像我們當初一樣，經常抱怨孩子「很粗心」，常常把會的東西弄錯，平時覺得唸得不錯，但是考試時表現就是不理想，有時忘記逗點、有時粗心加錯，還有漏看題目，甚至忘了寫名字這些「稀奇古怪」的錯誤。其實，這些都是考試的基本動作不夠扎實所致。

一般而言，在課業方面，小學六年的教育重點是：低年級養成基本生活常規與簡單的學習基礎；中年級開始學習自我負責，課業要求還是其次；但高年級的重點就在課業，這是差距拉開的關鍵時期，因為一旦升上五年級，所有的學科要求便突然提高，進入小學五年級後，孩子與家長一定要有決心面對課業挑戰。

在人格特質方面，小學四年級以前孩子的行為要靠「他律」，小朋友需要他人的規範，不論老師或家長都應該帶領及教導孩子如何學習，尤其是考試的準備，必須要由大人帶領，並教導孩子準備考試的方法及技巧，才能養成良好的學習習慣，準備好未來的競爭。例如：考前要將課本讀熟、評量測驗卷要分次寫完、考試時要如何作答、寫完考卷要如何檢查等等，這些雖都是簡單細節，但在中低年級的孩子中，卻不是都能自己注意的。

學習的小細節應該在中低年級時就要「不斷地」提醒，透過年幼時「他律」的要求，進而幫助孩子翻開人生的第二本書──節制。

第二本書：節制

想較力爭勝的人，必須懂得「攻克己身，叫身服我」，這句話意味著「能自制的人，才能出人頭地」。

能夠善用時間、設定優先次序，並且節制享受的慾望，這是以琳成功的關鍵特質。

我們夫妻在英國倫敦攻讀學位時，曾親眼看見英國小孩因爲父母不給買禮物，就賴在地上大哭，甚至搥打父母，給我們很大的震撼，也彼此警戒絕對不能用物質來寵壞孩子。所以，以琳自小就知道我們家是「哭鬧的孩子沒糖吃」。

如果以琳她想要某個東西，絕對不能對父母「苦苦相逼」，因爲自小凡是她哭鬧要的東西就一定無法得到；這樣的傳統在我們家中三個女兒都是如此，凡是禮物都要心懷感恩地接受，不能挑剔──因爲別人沒有義務要幫你忙，或給你什麼東西，任何的禮物都是恩典，必須感恩接受。女兒們只有在每年生日時，可以請求父母買一個預算內的禮物，但也要與父母協議後才算數，所以她們都會精挑細選後才決定，也特別珍惜這個得之不易的生日禮物。

以琳的節儉自制是妹妹們的榜樣，她具有典型「先努力後享受」的個性，並且充分享受節制所帶來延遲享受的快樂。

以琳一直到國三才請求買一支手機，但也常常捨不得打；每次得到獎學金或禮物，她就把這些好東西存起來捨不得花用。當別的孩子回家後就黏在電視或電腦前的時候，以琳可以克制自己想看電視、玩電腦的衝動；當別的孩子漫畫一本接一本買，甚至到租書店「享受」時，以琳可以耐著性子坐在書桌前，並不是她不想看漫畫，但她知道一切的享受與休閒，必須等到功課都做完，考試要準備好之後才能放心享受。

或許有人會說：「這樣的孩子好可憐！」但我們看到以琳因爲選擇先苦後樂，反而讓事後快樂的果實更加甘美。孩子能夠節制，是因爲她嘗過節制所帶來的好處，而且一次一次地加強這樣的經驗。她知道等候有多少，享受的快樂就有多少。

然而，所有的成長都要付出代價，也都有取捨，這是孩子們要學習的生命功課，他們日後的人生還會面對更多困難的試煉、引誘與挑戰，光靠自己的毅力是無法勝過的，所以我們還要把信仰傳給女兒，相信唯有信靠上帝的恩典讓神來帶領她們的生命，與神同工同行她們才能勝過，就好像使徒保羅在羅馬書中所記：「立志爲善由得我，只是行出來由不得我。」有時我們會面對心有餘而力不足的窘境，這時唯有讓神介入我們的生命、掌管我們的人生方向盤，才有可能達到「節制」，所以信仰的力量非常重要，因爲信仰是對自己的否定，但對神的肯定。

第三本書：勤儉

節制的孿生兄弟是勤儉，很小的時候，勤儉就是以琳生活的一部分。

我們這些四、五年級生的中年人，因爲自小過過苦日子，勤儉是普遍的基本價值，但現代家庭因爲環境改善，加上少子化與大人的補償心理，往往對孩子寵愛有加，持守「苦自己，不能苦孩子」的信念，盡量給孩子豐厚的物質生活，這樣反而造成孩子不知珍惜、浪費、怠惰等習性。

在我們的教養觀念中，從小給孩子好日子過的結果，反而可能是害了孩子，讓他將來沒有好日子過；因爲現實的社會不是如此友善，溫室中長大的孩子不會有抗壓性與競爭力。

此外，養小孩絕不能把他們當成寶，常常看到幾個大人（祖父母、父母、叔伯阿姨）逗弄一個小孩的家庭，把孩子捧在手心上，穿衣怕他凍著、吃飯怕他餓著、出門怕他摔著，無時無刻呵護備至的結果，卻造成孩子予取予求、浪費怠惰的性格。過度的保護與豐裕的供應，剝奪了孩子透過缺乏與困難養成逆境中向上的鬥志與成就感。

經濟環境小康的我們家，從不讓孩子浪費與懶惰，要賺錢必須付出代價，要花錢必須精打細算；女兒們小時候最大的消遣是週五晚上逛夜市時，每人可以有十元預算去打彈珠或夾娃娃，她們會非常小心的選擇怎麼花這有去無回的十元，而且努力從其中得到最大樂趣。

記得我的老兵父親常常要我們把碗裡的最後一顆飯粒吞下肚，然後寓意深長地說：「一粥一飯，當思來處不易；半絲半縷，恆念物力維艱。」這樣的家族遺傳讓我們三代感恩惜福，而且可以處豐裕，也可以處貧賤。

教給孩子勤儉的美德，是留給他們一項比萬貫家財還要重要的資產，有了處貧賤的能力，就算未能遺留什麼財富給子女，做父母也能放心子女日後的生活。

第四本書：負責任

要讓孩子成功，一定要讓他們養成負責任的習慣。

以琳自我負責的特質表現在認識什麼是「做大事」上。很小的時候，我們就教她知道「無論什麼事，只要從頭到尾把它做成了，就是做大事。」我們對孩子的期待價值觀不在「賺大錢」或「做大官」，但卻一定要孩子「做大事」。

現代家庭因為孩子少、父母與師長都對孩子相當重視，自小把孩子的食衣住行，甚至於日後的學習安排得「完美無缺」，大人的眼目與心思幾乎不離開年幼的兒女；這樣的教養方式，可能愛之適足以害之，因爲父母把兒女照顧得太好，變成所有的責任都由父母扛，最後養成自私任性但卻無法自我負責的小孩，或者是成爲懦弱依賴，缺乏競爭力的下一代。

而我們家則是強調，每個成員自己分內的事都要處理得很好，不需要別人擔心：爸爸努力賺錢養家，媽媽在家提供丈夫與女兒生活上盡心的服務；而處於學齡階段的三個女兒，就要善盡學生的本分：努力學習，並盡力完成老師及父母交代的事項。

此外，因爲我們家中有三個女兒，雖然每一個都是心肝寶貝，但小家庭的我們，實在沒有時間精力去無微不至地「呵護」這些掌上明珠，所以更需要培養她們獨立自主的能力，自己要擔負自己的責任。

事實上，現今受寵的下一代，聰明智慧者所在多有，但能自我負責任，進而能爲別人負責任者幾希。如何培養獨立負責的孩子？應該已經成爲現代父母的挑戰。

第五本書：成就感

父母的讚賞與肯定，是孩子進步的原動力。

馬斯洛需求層次理論中的最高需求層級：自我實現（self actualization），可以在孩子小的時候就應用在他們身上，久而久之在成就感中長大的孩子，比較有機會成爲一個有成就的人。所以，我們也希望在以琳身上看到這個成功者的特質。

經過觀察了解，在兒女的學業成績上，很多父母都面臨「皇帝不急、急死太監」的窘境，不知如何幫助年幼的孩子取得學習上的優勢。其實「積小勝爲大勝」應該是孩子蛻變的關鍵。因爲所有的人都渴望有成就、渴望被稱讚，更渴望出人頭地。

孩子小的時候，最在意的掌聲、最重視的眼神，理所當然來自父母。每個孩子都是上帝獨一無二的傑作，他們的成就基因不是來自生理父母的遺傳（否則如何解釋「歹竹出好筍」這樣的現象？）乃是上帝的恩典加上自己的持續努力。

就拿以琳彈鋼琴這件事爲例，四歲開始在音樂教室接觸音樂，六歲開始學鋼琴，剛開始每天要花一個小時來練琴，老師授課後的第一天，往往要花二至三小時坐在琴椅上賴皮，因爲新曲子總是有些難度。雖然媽媽每次都告訴以琳要認眞練才會彈得好，下次老師來時曲子才會過關，但孩子的本性，每次總是拖拖拉拉、不情不願，許多時候需要全家陪著以琳彈的曲子又唱又跳才能提起她的興趣。

我們也嘗試以「曲子過關集點換禮物」這樣的獎勵，可以略略提升以琳繼續努力的動力，但眞正的學習動力是來自她彈琴的成就感。

記得六歲時偶然一次六首曲子全過時，以琳興奮得不得了，晚上睡前分享時她告訴媽媽自己好開心。當時媽媽問她：「喜不喜歡這種感覺？」以琳回答：「很喜歡。」媽媽再問：「知道爲什麼曲子會全數通過嗎？」以琳回答：「知道，因爲我每天都很認眞地練習。」此時媽媽順勢問了一個重要的問題：「如果想要常常有這種感覺，應該要怎麼做？」以琳回答：「每天認眞練習。」

自此而後，她學到了這寶貴的功課：如果想要有美好的成果，就需要先付出代價；努力過後的成功果實才是最甜美的！

因著成就感，以琳把很多的學習或挑戰，當成一種有獎品的遊戲，而那獎品就是對自己的滿意，一種自我的成就感。

課業方面，以琳上了永中數資班的第一次段考就考了第一名（班排與校排），由此確立以琳的「自我期許」，清楚了自己在班上的定位，也強化了她的成就感。只要孩子自己不放棄，父母師長在旁邊不斷給予肯定與鼓勵，孩子一定有進步的機會。

當然，也可能有些孩子的課業表現無論如何努力就是不突出，這可能是性向的差異，也可能是時間未到，但無論如何做父母的一定要能找到孩子在某方面的成就點，或許表現於孩子的某項才能、某種個性或特質，即使只是些微值得稱讚的地方，父母都要用放大鏡來給予肯定。

第六本書：把學習當遊戲

旁人多半以爲，以琳一定花很多時間在課業上，其實她「玩」的東西可能比唸書還多！

我們也抱持「只要她有興趣，就讓她參加」的立場，鼓勵她盡情探索。學習本來就是一種遊戲，尤其與朋友一起以玩的心情參加學習相關的競賽，這樣的遊戲更有趣味。

事實上，每個競賽都蘊含著「成就與樂趣」，只要我們不把結果看得太重，也不要讓過程中充滿痛苦（辛苦可能難免），孩子的玩心是可以在這些方面得到滿足的。

七年級時，以琳選擇參加小論文與科展，整個活動一路下來包含用英文上課、考試、出外體驗等，讓她們備覺有趣。她們時常在校園中亂晃，老師也沿路教許多英文的生物專有名詞，並討論研究的可能主題及方向，這是很好的啓蒙嘗試，也奠定了做研究的基礎。

之後，以琳與另外兩位同學決定做生物方面的小論文。前後半年她們觀察喜鵲，記錄牠們的生活習性，也學會訪問學校的園丁與其他生物老師。過程中，學到蒐集對喜鵲的相關研究、製作研究報告，以及團隊簡報等技巧，最後雖然只得到縣賽的優等，卻是難得的研究經驗，也覺得研究生物很有趣。

八年級起，科展是重頭戲，她們從題目選定與找指導老師花了近一個學期，找了一個冷門的水生植物「圓葉節節菜」作爲研究對象。在接下來的一年中，四位組員親自討論與規劃所有研究計畫，也親自動手執行。因爲樣本採集困難，她們竟然透過網拍買到一批樣本，而且在學校實驗室親自動手建立實驗苗圃，栽種培植，並透過器材的使用來控制光線、溫度、水質、水流等環境因素，最後經過長期實驗與觀察，來記錄這些植物的生長情形。

過程中，她們學到野外觀察、樣本採集、專家訪問、研究問題，與解決問題的方法，也學到利用有限器材的能力（包含數算葉片、用顯微鏡拍照的技巧等），此外，長時期每天的觀察與記錄，也讓她們知道科學研究需要鍥而不捨，最後實驗數據的分析、圖表的製作，與統整資料後製成報告等，都是把小論文研究的過程更細緻地走過一次。

這群孩子由校賽中脫穎而出，在縣賽中得到特優，並代表台北縣打進國展。我們也跟著她們一起經歷這一切，整個過程就好像全國性大型的觀摩盛會，雖然花的時間很長，甚至有點耽誤學校課業，但看到孩子們願意主動地花時間投入一件事，學習與他人共事與配合；看著她們從不知題目爲何，到最後可以在評審面前流利地口頭報告，還能設置網頁來說明自己的研究並記錄過程，我眞的以她們爲榮！以琳很喜歡這些團體性的競賽或活動，包含生科機械獸、水火箭，以及兩次智慧鐵人賽等，都在她的國中生活中留下美好的回憶。

我常想，如果以琳沒有在各方面的學習、考試與競賽上得到成就感與樂趣，她可能會把時間放在漫畫、電玩、網路、交友這些方面；另一方面想想，如果她進入的是升學導向的私立學校，也不會花這麼多時間在個人的興趣、接受演講訓練、參加校內外國文、英文、數學比賽，或者是團體性的活動與競賽，看到她樂此不疲，我們也欣然接受這就是我們家的老大：她已經成爲一個自信而有多方興趣的好孩子，也成爲兩個妹妹的榜樣。

PART 007

生命的禮物

每個孩子在上帝眼中都是獨一無二的，
有祂奇妙的計畫與帶領。

1 豐富的恩典

教養孩子成長過程中，所有的參與者都需要付出相當的代價，也需要許多內外在環境與條件的配合。這一路上要感謝的人很多，我們也很珍惜這樣的福分。

以琳自小五到九年級，一路走來有許多貴人相扶持，若非這些師長、好友、同學的教導、支持與鼓勵，不可能有今天的她；我們也盼望這些年來，我們與以琳對周遭的人也都能有些許的幫助，願我們的生命，能帶給別人祝福。

基測只是一個里程碑，以琳的未來還有更豐富的人生等著她，也有上帝的恩典護庇她。身爲大姐，她是我們家的帶路雞與初熟的果子；至於非比與蕾潔，她們的人生路程可能不同，風景各異其趣，但豐富的恩典卻是一樣的。爲此，作爲父母的我們只有感恩。

最偉大的教養，並不是靠著父母忙碌的雙手，也不是憑著父母智慧的腦力來處心積慮爲兒女著想，而是在於用心感受上帝的旨意、再用雙膝來爲兒女祈求。

基督徒相信兒女是上帝所託付的產業，做父母的是今生的「受託者」，要照著上帝的旨意與原則教養孩子，我們不必，也無法對孩子的生命負責，因爲那是孩子個人與上帝彼此的事，賞賜的是　耶和華，收取的也是　耶和華。

每個孩子在上帝眼中都是獨一無二的，有祂奇妙的計畫與帶領；因爲眞正要爲兒女負責的是天上的父，而非地上的父。神對我們每個人，在降世以先就有一個「完美」的計畫，也給每個生命特別的恩賜、才能與命運；我們做父母的，要將這樣的奧秘傳給孩子，讓他們知道「盡心盡力、把結果交給上帝」就是最佳的人生策略，因爲把生命主權交給全能的天父，然後努力按著祂的旨意成就神在我們生命中預定的使命，才能眞正有個完滿的人生。

麥帥的〈爲子祈禱文〉充分反映一個基督徒父親對兒女的關心與期待：「主啊，請陶冶我的兒子，使他成爲一個堅強的人，能夠知道自己什麼時候是軟弱的；使他成爲一個勇敢的人，能夠在畏懼的時候認清自己，謀求補救；使他在誠實的失敗之中，能夠自豪而不屈，在獲得成功之際，能夠謙遜而溫和。請陶冶我的兒子，使他不要以願望代替實際作爲；使他能夠認識主，並且曉得自知乃是知識的基石。我祈求你，不要引導他走上安逸舒適的道路，而要讓他遭受困難與挑戰的磨練和策勵。讓他藉此學習在風暴之中挺立起來，讓他藉此學習對失敗的人加以同情。請陶冶我的兒子，使他的心地純潔，目標高超；在企圖駕馭他人之前，先能駕馭自己；對未來善加籌畫，但是永不忘記過去。在他把以上諸點都已做到之後，還請賜給他充分的幽默感，使他可以永遠保持嚴肅的態度，但絕不自視非凡，過於拘執。請賜給他謙遜，使他可以永遠記住眞實偉大的樸實無華，眞實智慧的虛懷若谷，和眞實力量的溫和蘊藉。然後，作爲他的父親的我，才敢低聲說道：『我已不虛此生！』」

我願用這篇美麗的禱告，作爲教養以琳、非比、蕾潔三姐妹的圭臬。

2 孩子讓我們更親近

關心孩子的教育之外，與家人的親密關係，才是我最核心的價值。如何做得好呢？一是付出時間，二是凝聚家庭共識，三是進行感性溝通。

兒女教養絕對是需要付出時間的，只要付出，兒女就會覺得被愛，會願意繼續走在父母祝福的人生道路，不逾越界線，也不偏離左右。

所以，一定要把兒女相處的時間排入繁忙的時間表，即使只是睡前一小段「鬼混時間」，也都是快樂而珍貴的 quality time。

爲了達成凝聚家庭共識目標，我讓每個家庭成員寫下「心目中的理想家庭」描述，並整合成一個「家庭使命宣言」，這就是我們期待建立的「理想家庭」，也成爲大家的共識與努力目標。

我廣納建言寫成的家庭使命宣言分享如下：

「我們要同心合力建立一個整潔、有秩序又健康的環境，讓家人在相互支持、接納，與充滿安全感的氣氛中，享受好吃、好玩、好睡覺的舒適；並且要相互教導、學習成長、鼓勵創意，致力達到有禮貌、不吵鬧、溫暖和樂的家庭生活！」立約人：趙郁文、張淑芬、趙以琳、趙非比、趙蕾潔（五人簽字）。

身為家中唯一的男性，我的地位是重要而微妙的，平常忙於工作的一家之主，很容易把企業化經營的理性帶進家裡，卻忽略了家人最重要的感性溝通。我曾從父親身上看到，他自己在外打拚賺錢，卻往往忽略家人關係的點滴累積。我雖不認同，但也極易陷入這樣的情境中。

所以，我們家有一個「約會」的傳統，除了不定期家人找各種名目在外面聚餐，算是「群體約會」之外，還有我與四個老婆的「個別約會」。

為了讓我與家人更親近，淑芬希望我每個月都能分別與女兒單獨約會一次，當然與她的單獨約會更是重要。我常忙裡偷閒請太太喝個下午茶，或與她一起散個步。與三個女兒的約會就更簡單了，媽媽都會把她們梳洗打扮一番，然後由我開車帶她們去吃館子、走走逛逛，最後讓她們買個有需要的小禮物。

這樣的場合讓我成爲她們的專屬，也讓我們之間的溝通更深入，關係更密切。

3 建立家族祝福力

家族的傳承與祝福是下一代的珍貴資產。家庭聚會讓家庭成爲每個成員的安錨之地，無論外面的社會如何動盪，政治、經濟如何艱困，家，始終是我們安歇的水邊。

身爲外省第二代，太太與我的家族都沒有聚集的傳統，我們很羨慕那些過年過節能夠整個家族熱鬧聚集的家庭。因此，我們決定開始建立「家庭祭壇」作爲家族傳統，讓家人與上帝每週聚會。

這段時間，我們一家五口「分別為聖」，排除其他的瑣事，讓全家有一段彼此分享、感念的專屬時光。

自二〇〇六年開始，每週日晚上的「查經禱告會」成為一家人彼此坦白、分享生命的重要時光。無論多麼忙碌，在這個屬於全家人所共有共享的時間裡，我們一起坐下來，把專注焦點放在每個人身上，彼此說出心中的酸甜苦辣，也彼此把重擔愁煩交託出來。

「查經禱告會」活動的流程是：

1. 由代表家中屬靈領袖的父親帶大家開始禱告。
2. 父親分享一段經文，並解釋其意義。
3. 女兒們分享白天在主日學讀到的經文，或老師說的故事。
4. 由女兒輪流讀一段勵志短文，或一本屬靈書籍的一段。
5. 父母針對這段文章提出問題，也藉機教導。
6. 媽媽閱讀「品格教育」的一個主題，並教導重點。

7. 檢視上週禱告簿中每個人的代禱事項執行狀況，給予一～五顆星的評等。
8. 分享並記錄下週每個人的代禱事項，通常是對家人與上帝承諾要改善之事。
9. 最後全家手拉手圍一圈爲自己或彼此代禱。
10. 媽媽依本週生活表現的績效（包含上述第七項所得的星星，減掉言行不良的週間記點扣分）分發零用錢。

查經會時刻，我們學習將彼此的快樂、成就或想法分享給家人，這是平時一起用餐也無法達成的溝通機會。通常，我們會在聚會結束後一起享受，好好吃喝，或由父母幫女兒們剪指甲、掏耳朵，這些親密的動作，如同一些儀式般會成爲兒女將來最深刻的記憶，成爲親子關係間美麗的回憶。

查經會也是父母將價值觀灌輸給孩子，並導正孩子小毛病與行爲偏差的機會，透過這樣的聚會，至少孩子們知道父母在意的是什麼。問題小到咬手指，大到姊妹彼此紛爭，在聚會中都會被提出來彼此代禱。靠著對家人的承諾與上帝的恩典，我們都要對付自己生命中發現的「不完美」，並力求改善。

每週代禱事項的執行結果，結合日常行爲的積點遊戲（平日有好言行的加分，不好言行的扣分），可以規範孩子的生活常規，也可以成爲賞罰的依據，作爲孩子每週零用錢的計算基礎。第二天，媽媽會將週日查經會中主要的經文寫在客廳白板上，以及標示列出每個人的禱告事項，並且隨時記錄每個人的點數，直到下週家庭聚會時，就有清楚的紀錄可以追蹤。

於是，這又變成一個親子間的遊戲。女兒們常常幫我打分數，可以想見，通常改進代禱事項得分最低的常都是老爸！

我們以同樣的愛、同樣的關心、同樣的環境教養三個女兒，期望她們都走上優秀的道路。

重複大姐人生路徑的非比、蕾潔，穿的是大姐留下來的衣服，讀的是大姐相同的學校與補習班，彈的是大姐的鋼琴，爲了公平起見，連床鋪都是排在一起的三個床墊，各有各的書桌也放在同一房間。

朋友同時看到三姐妹，都會說三姐妹長得很像，但站在父母的立場，我們看到的是三個完全不同的個性，也預見三姐妹的人生會有不同的風景，這些都不是身為地上父母的我們能決定的。對她們三姐妹各方面的表現，我們絕不會用同一套標準來要求，教養的原則雖相同，做法卻必須調整，因為每個孩子都是獨特的，上帝的帶領也各自不同，套用一首詩歌〈這一條路〉，我們相信每個孩子的人生都在　上帝手中：

「我走過最幸福的路，是跟隨的路，
讓你的手引導生命的每一步。
我走過最喜樂的路，是依靠的路，
把每一天交給你的心來眷顧。
捨己，卻更加寬廣；
放手，卻更加穩妥。
超乎想像，精彩豐富——
我跟你走的這一條路。」

讓孩子懂得把生命的方向盤交給上帝；做父母的也能把孩子交託仰望給全能的天父，雖不能保證基測滿分，但孩子的一生卻可以滿分，這才是父母最大的安慰。

4 絶對不要給魔鬼留空隙

在感恩與惜福之時，我要強調「夫妻間的不離不棄，親子間的緊密相處，讓大家的生活都結合在一起，是維繫一個整全教養環境的前提，也是兒女健康成長的基本條件。」更要感謝我的家人對於這樣的共識全然的支持與信賴。

現代家庭有許多選擇性的不完整：父親因爲工作長年在外、或爲了教育太早讓孩子離家，這些是捨本逐末的做法。多賺些錢又如何？爲了兒女教育何必要分離？

在我們的價值觀中，家人是一個「生命共同體」，一定要共同走過人生的高山低谷，因爲只要全家同在愛中，就沒有恐懼，也沒有困難。這世上還有什麼人間的關係比得上父母、夫妻、子女的骨肉至親呢？

我們有很多朋友爲了不同理由申辦移民，或爲了兒女教育把孩子（或連同母親）送到國外，不管這樣做的理由多麼充份，過程往往都付出高昂代價，結果也未必能如願。

不在父母身邊的孩子只有兩種成長結果：一種是適應國外生活後，變成一個獨立早熟的個體；但也可能因此成爲與父母關係疏遠的「外國人」，對不在身邊的父母而言，至少在兒女成長的「賞味期」，會失去那一段養育的珍貴經驗。

另一種可能是我們在英國留學時常看到的現象：有著豐富物質供應，但無人節制的年輕人，最後走向吃喝玩樂、不能負責、沒有目標，甚至不中不西的頹廢青年。這是成長過程中沒有父母相伴，卻讓孩子獨力面對跨文化適應最容易產生的問題。

我們全家曾在二〇〇二年爲了兒女教養申請加拿大移民，二〇〇五年正式通過並赴溫哥華實際體驗移民的生活與學習。在那短短的兩個月間，三個女兒上當地小學玩得不亦樂乎，樂不思「台」；當時眞的有一種衝動想留在那好山好水、地大物博的加拿大；或者另一種選擇就是變成「內在加」，由淑芬帶領孩子們在加拿大生活學習、坐移民監；而我延續自己在台灣的事業生涯，賺錢供應妻女在加的生活。

最後，在禱告中，明白神的旨意是「要家人共同承受生命之恩」：不僅夫妻之間不可分離與分房，兒女的成長過程父母更不可缺席。日後，看到與聽到有些移民家庭的問題，許多人得了天空、失了大地，妻子兒女因移民而獨立，甚至變成陌生人，丈夫與父親名爲打拚事業，卻因感情與生理的需求而另結新歡，置原有的愛情與親情於不顧，始意是要追求更好家庭生活的移民，最後反而落得家庭的破碎。原本是要給兒女更好的環境，結果卻失去了兒女親情。

家庭內的關係是要長期經營的，肯花時間才能有關係，許多事「有關係就沒關係」，沒有關係就算是小事也可能變成有關係的大事，終至不可收拾。

聰明的你，絕對不要「給魔鬼留地步」，家人無論如何都要「在一起」，人是環境的產物，身體如果不能常常在一起，心理與感情是很難持續在一起的！

對於最親近的家人關係，絕對不要因爲環境的試探而破壞，經驗告訴我：面對試探最好的策略不是靠人的意志與力量去對抗，而是靠我們的判斷與智慧去避開它。

主禱文中寫的是：「不叫我們遇見試探，救我們脫離兇惡……」上帝從來沒有要我們親自對抗魔鬼，因爲祂深知我們肉體的軟弱。

5 過分快樂的童年會造成不快樂的成年

直到目前，我仍一直認爲，錯誤的想法和做法也像魔鬼一樣，將會導致孩子一輩子的痛苦。所以，我會盡力去避免犯下一些觀念上的謬誤。而美國的教育專家經過實驗而提出的「棉花糖理論」，是我希望能爲孩子正確做到的。

「棉花糖理論」的過程是：實驗者給一群孩子每人一包好吃的棉花糖，然後告訴這群孩子如果一天後他們沒有吃掉這包糖，就可以得到另外一包棉花糖；實驗的結果，雖然有些孩子可以等待，但也有更多孩子忍不住誘惑把糖先吃了。事後，經過多年的追蹤，發現當時能夠爲更美好事物忍耐的孩子，後來的成就明顯高過那些無法節制自己的孩子。

童年過分快樂，會造成不快樂的成年；反過來說，能夠節制懶散、能夠忍受暫時不快樂學習的人，往往得以享受到最終倍增的快樂。因爲主張讓孩子快樂學習的父母，不知道在基礎階段中，孩子如果沒有先培養良好且有效的基本學習能力，到後來可能會讓孩子「愈學愈挫折，甚至找機會或藉口逃避課業」！

這個實驗也更加強調─阻礙自我成長的敵人是「舒適」或「自滿」，因爲不願意挑戰自己的極限，也不願意讓自己經歷辛苦來取得突破，人生就會停滯。

我想強調，競爭是現代社會的通則，而反對聯考、基測，甚至從本質上否定考試制度的教育改革論者，可能是過於理想化了。因爲，競爭強度不是人爲或制度的力量可以改變的。想要幫孩子降低競爭壓力的父母，其實是在降低孩子的社會生存能力，即所謂「愛之適足以害之」，這又是一種教養觀念的謬誤。

所以，我期望天下的父母能夠肯定「力爭上游、追求卓越本就是人類社會進步的原動力」，如果你的孩子可以更好，請加以鼓勵與支持，小的成就會造就大的成功。相對而言，小時候迴避競爭、「快樂」學習的結果，便可能造成未來失去競爭力的「不快樂」人生。

我們家相信「有承擔就有成長」，孩子的學習就是一段成長的歷程，當他們能吃更多的苦頭，能挑起更重的責任時，他們就是已經在通往長大成熟的路上了。

6 好成績不一定代表好未來

我們感謝所有加諸於我們身上的恩典，更感激孩子到目前爲止都能在生活上與學業上有所進步。

不過，即使以琳以基測滿分來顯示我們對她教養的「成效」，我和淑芬始終都是同樣的想法與觀念—改變孩子的人格特質，遠比讓他考試拿滿分更重要。

在人生的競技場上，以琳這一戰也只是剛開始的一小步，未來還有更多的社會競賽、歷練與問題需要一一去面對與設法解決。

所以，我們不認爲考出好成績就一定是好小孩，也未必保證就能有好的未來。因爲一時的好成績並不能幫他們挪開一些人生不可免的競賽。尤其，父母也不能代替孩子們上場。

我們眞正要做的，除了幫他們裝備競爭的工具與技巧之外，更重要的是要培養他們競爭的韌性，對人生所有的競爭能做出適當的回應。這是「與其給魚，不如給釣竿」的根本觀念。

孩子有了正確的人格特質，等於確保自己會「上路」，自己會主動學習、自己會照顧生活。更進一步的，還要保持勝不驕、敗不餒，並且能夠體諒那些軟弱的，幫助那些失敗的。

此外，考試成績是現實的，贏過別人未必值得大書特書。一個基測PR值九十九級分孩子的成就與喜悅，往往是以另外百分之九十九考生孩子的失敗與痛苦爲代價，這是殘酷的現實。

這種比較與競爭在資優班孩子身上特別明顯。因爲，資優的孩子都是戰績輝煌的常勝軍，也都是在掌聲中長大、被認爲是「優秀的孩子」。然而，如果忽略了他們群育與德育的養成，之後的成長表現將可能脫離「好孩子」的行列。

我見過有些特立獨行的「資優天才」，他們專注課業，卻從不與他人互動；也有人與同學溝通時，不知「同理」別人的感受，甚至爲了凸顯自己的優越常常故意

「嗆」別人；也有的說話總是酸溜溜，表面上說不在乎或沒準備，可是每次考試時斤斤計較成績排名的。這樣的同學當然人際關係會有問題。一個人如果成就越高但朋友越少，一定會「高處不勝寒」，沒有朋友，一輩子怎麼會快樂？

類似的品格的問題，學校教育無力顧及，但這卻是對一個人的一生影響重大的領域。

因此，做父母的其實就要非常注意孩子成長過程是否有「惡質」的傾向，特別是青春期中就顯露小聰明，或憤世嫉俗的孩子。越是聰明、越是有知識、越是有能力，其危害與危險性反而越高，還不如讓他成為一個平凡的人。

「品德」雖然難以評定，他人卻可以從人際互動中感受到。在此，想給天下的父母建議：別給了孩子一切的資源能力，卻疏忽了作為一個人最珍貴的「品德」。

後記
鼓勵陷於教養困境的天下父母們

對於升學階段的家長與孩子，我們最誠心的呼籲是：無論你的出身或家庭狀態，絕對不要自卑或放棄，始終瞄準更好的，努力把孩子放進更優秀的學習環境中；經過一次又一次的良性循環與肯定，孩子的潛力就可以被發掘出來！

然而，礙於種種現實因素，有些家長總會遇上這樣那樣的教養問題，甚至是面臨困境，爲了孩子的問題苦思不得其解之外，同時還要面對內心的失落感與挫敗感。

最常見的有幾個問題：

其一，是服膺「快樂學習法」的後遺症，因爲讓孩子「自由與開放」地學習，順著孩子自我發展，卻是造成「只要我喜歡，有什麼不可以」的偏頗個性。這種

「矯枉過正」的教養方式，其實所在多有，往往是孩子在人際關係上和生活態度上發生嚴重缺失了，才有所警覺，但孩子心性已成，難以挽回。

其二，是孩子無法溝通、無法商量，想做的事非做不可，一旦決定就無法改變，個性十分堅持，缺乏彈性……讓父母不知如何教導。

其三，不少人認爲身爲父母最艱難的時期，就是孩子進入青春期之後，不再唯父母馬首是瞻，以往可行的教育方式反而會引起他們的反感。同時，孩子開始檢視家長的「不完美」，並認爲「你們都做不好，憑什麼要叫我做好？」或是，言行顯得太過自信，聽不進別人的勸告。

其四，青春期間孩子有了認同危機，因爲發現現實自我與理想自我不能合搭，因而無自信、脾氣暴躁，並對外尋求安慰與認同，而通常是往不良的方向發展。

這些問題普遍存在於周邊同樣有升學階段孩子的家長朋友身上。我們個個有苦惱，但沒人可提供有效的解決方法。

雖然我一直強調「教養孩子成爲一個和諧發展的人，必先要準備好他們處身的教養環境，以及環境可以給予的刺激與制約。」但是，如果問題已經發生，家長又該如何應變？

首先，我想給的建議是絕對不要逃避問題，不要與兒女之間變成「最熟悉的陌生人」。因爲，逃避了，孩子會感受到；勇敢面對了，孩子也會知道。但是，以往溝通無效的方法與態度，就不要再使用了，不妨嘗試一下其他的方法，持續溝通，多方努力是感動孩子的不二法門。

因爲三歲到六歲期間可說是和孩子建立對話習慣最好的黃金時期，一旦疏於培養，更別說青春期的孩子願意和你對話了。我的建議是「想辦法重新修復家庭親子關係」，冰凍三尺非一日之寒，重塑親子關係需要長時間的耐心與愛心，更需要夫妻雙方的同心努力。

修復的方法要很注意，絕對不要以權威來面對，如果還是以強壓式的、更嚴格的控制或是責罵，問題只會惡化，孩子只會離你們越來越遠。修復關係最好的方法是要「多了解，多陪伴，少說教」，而良好的親子關係，必然建立在良好的夫妻關係上，所以，夫妻恩愛才能教養優秀健全的孩子。

事實上，「改變別人最有效的方法是從改變自己開始」，這是很重要的觀念，父母要先改變自己，孩子就有機會改變。父母以愛爲基礎，付出時間和代價去做自我改變，才能漸漸舒緩所有親子的不良適應。

教養孩子，也許你已經晚了幾步，但是，不要害怕無法改變問題現狀，因爲「你相信你能，你就能！」而且要夫妻同心，許多親子教養問題的根源，其實是在於父母間的夫妻關係，有了良好的夫妻關係，才可能有良好的親子關係，這是我要再三強調的。

一路唸到博士且身爲多年大學教授，這段人生經歷讓我深切體認到，在教與學互動過程中，「學者」自發性努力的重要性遠高於「教者」所能掌握的知識，也就是說，學習者的程度與態度，決定了學習成效的大半。而如果「高徒」有幸遇到「名師」，兩相激盪之下，教者與學者教學相長，那是最理想的學習情境。

此外，教者是要「付出者」，因此教者除了不斷精進自我，也會反觀自照，在其中體悟出一番道理來。

這是「教」與「學」之間的微妙關係，要想參透，就要自學與體悟，在夫妻關係與兒女教養上，你我都是共修的學習者，沒有理論專家，只有執行上的成敗。

這本書，將我們與女兒之間的關係與關鍵五年的成長，進行一次全方位的思索。不僅僅只是探討如何教導出基測滿分的孩子，同時，我更發現，在教養小孩的整理之中，同時也瞭解了自己，更瞭解經營一個家庭的訣竅。

就像那句經常被提及的話：「每個人都是做父母之後，才開始學習做父母」一樣，生下以琳以後，我和淑芬慌手慌腳的，不知如何教養孩子。因爲不懂，也不知道如何求教、取經，所以即使讀遍書店裡有關教養的書籍，然而，「照書養」的結果也敵不過現實狀態，尤其生第一個孩子以琳時我負笈歐洲，一起去的淑芬也在唸學位，忙碌的課業與工作中，我們還是面臨了「怎麼教養？」的大問題。

後來，我們開始回溯以往：自己的父母當初如何教育我們？他們給了我們什麼？我們吸收了什麼？我爲什麼可以一路到目前的樣子？我從父母那兒所得的，該怎麼回饋給孩子？孩子是不是也像當初我的心情？我如何塑造孩子？孩子如何變得優秀？……

問題一個接著一個，我們決定不慌不忙一個一個找出答案。而這些答案都在本書之中。

有一個重要觀點是，我之所以為我，是因為父母的愛的灌溉，相對的，我也把我的愛灌溉在女兒身上。與上一輩父母不同的是，我們多了可以倚賴的信仰，以及身邊諸多的貴人朋友提供我們學習的參考。

我們對教育的中心思想是：「為了讓孩子有謀生能力，進而能為所愛之人提供庇護。相信教育，追求卓越，因而非常重視唸書的成就，因為優良的教育可以累積人才資本。」

我們認為，孩子的優秀，並不只在於智育的表現，而是全人格的養成。身為父母，我們只是努力用自己的價值與觀念，來提供給三個女兒所謂「理想」的教養環境，感謝上帝，當我們一路摸索而來，祂總在重要時刻讓我明白，教養孩子的秘訣。

我們無意挑戰「行行出狀元」的理念，也絕無「萬般皆下品，唯有讀書高」的倨傲，只是單純地選擇讓女兒能接受到最好的教育，並且期待她們持續追求更高深的學識，這是我們的教育信念，或許傳統，但非常明確。

在現今價值多元化的社會中，許多朋友未必認同我們的觀點，本書的目的只是單純的經驗分享，讀者可以決定要如何參考這些觀點；我們也無意用女兒的表現來誇口，或認定自己的做法最優越，這本書純然只是野人獻曝的分享之作。

無論如何，我們深信：**父母的教養觀念與做法，決定孩子的未來**。

爲了優秀的下一代，現代父母得多用心來吸收別人的教養觀念，並努力找出適合自己孩子的教養方法。

如果你是用心的父母，請耐心讀完本書，細細體會我們要傳達的訊息，願上帝祝福你與孩子！

Creative 010

我這樣教出基測滿分的孩子

作者：趙郁文
文字整理：田湘如

發行人：吳怡芬
出版者：大田出版有限公司
台北市106羅斯福路二段95號4樓之3
E-mail:titan3@ms22.hinet.net
http://www.titan3.com.tw
編輯部專線（02）23696315
傳眞（02）23691275
【如果您對本書或本出版公司有任何意見，歡迎來電】
行政院新聞局版台業字第397號
法律顧問：甘龍強律師

總編輯：莊培園
主編：蔡鳳儀　編輯：蔡曉玲
企劃行銷：蔡雨蓁　網路行銷：陳詩韻
校對：蘇淑惠／趙郁文／陳佩伶
承製：知己圖書股份有限公司・04-23581803
初版：2010年（民99）五月三十日
定價：新台幣 250 元

總經銷：知己圖書股份有限公司
（台北公司）台北市106羅斯福路二段95號4樓之3
電話：(02)23672044・23672047・傳眞：(02)23635741
郵政劃撥：15060393
（台中公司）台中市407工業30路1號
電話：(04)23595819・傳眞：(04)23595493

國際書碼：ISBN 978-986-179-171-5 / CIP: 528.2 / 99005281
Printed in Taiwan

國家圖書館出版品預行編目資料

我這樣教出基測滿分的孩子 / 趙郁文著.
——初版——臺北市：大田， 民99.05
面；公分.—— (Creative；010)

ISBN 978-986-179-171-5（平裝）

1.親職教育 2.子女教育 3.文集

528.2 99005281

廣告回郵
北區郵政管理局登記證北台字1764號
免貼郵票

To：大田出版有限公司　編輯部收

地址：台北市 106 羅斯福路二段 95 號 4 樓之 3
電話：(02) 23696315-6　傳真：(02) 23691275
E-mail：titan3@ms22.hinet.net

From：地址：……………………

姓名：……………………

＊請沿虛線剪下，對摺裝訂寄回，謝謝！

大田精美小禮物等著你！

只要在回函卡背面留下正確的姓名、E-mail和聯絡地址，
並寄回大田出版社，
你有機會得到大田精美的小禮物！
得獎名單每雙月10日，
將公布於大田出版「編輯病」部落格，
請密切注意！

大田編輯病部落格：http://titan3.pixnet.net/blog/

智　慧　與　美　麗　的　許　諾　之　地

＊請沿虛線剪下，對摺裝訂寄回，謝謝！

閱讀是享樂的原貌，閱讀是隨時隨地可以展開的精神冒險。

因爲你發現了這本書，所以你閱讀了。我們相信你，肯定有許多想法、感受！

讀 者 回 函

你可能是各種年齡、各種職業、各種學校、各種收入的代表，

這些社會身分雖然不重要，但是，我們希望在下一本書中也能找到你。

名字／＿＿＿＿＿＿＿ 性別／□女 □男　出生／＿＿年＿＿月＿＿日

教育程度／＿＿＿＿＿＿＿＿＿＿

職業：□ 學生　□ 教師　□ 内勤職員　□ 家庭主婦

□ SOHO族　□ 企業主管　□ 服務業　□ 製造業

□ 醫藥護理　□ 軍警　□ 資訊業　□ 銷售業務

□ 其他＿＿＿＿＿＿＿＿

E-mail/＿＿＿＿＿＿＿＿＿＿＿＿＿電話/＿＿＿＿＿＿＿＿

聯絡地址:＿＿＿＿＿＿＿＿＿＿＿＿＿＿＿＿＿＿＿＿＿

你如何發現這本書的？　　書名：我這樣教出基測滿分的孩子

□書店閒逛時＿＿＿＿書店 □不小心在網路書站看到（哪一家網路書店？）＿＿＿＿

□朋友的男朋友（女朋友）灑狗血推薦 □大田電子報或網站

□部落格版主推薦＿＿＿＿＿＿＿＿＿＿＿＿＿＿＿＿＿

□其他各種可能，是編輯沒想到的＿＿＿＿＿＿＿＿＿＿＿＿

你或許常常愛上新的咖啡廣告、新的偶像明星、新的衣服、新的香水……

但是，你怎麼愛上一本新書的？

□我覺得還滿便宜的啦！ □我被内容感動 □我對本書作者的作品有蒐集癖

□我最喜歡有贈品的書 □老實講「貴出版社」的整體包裝還滿合我意的 □以上皆非

□可能還有其他說法，請告訴我們你的說法

＿＿＿＿＿＿＿＿＿＿＿＿＿＿＿＿＿＿＿＿＿＿＿＿＿＿＿＿

你一定有不同凡響的閱讀嗜好，請告訴我們：

□ 哲學　□ 心理學　□ 宗教　□ 自然生態　□ 流行趨勢　□ 醫療保健

□ 財經企管　□ 史地　□ 傳記　□ 文學　□ 散文　□ 原住民

□ 小說　□ 親子叢書　□ 休閒旅遊　□ 其他＿＿＿＿＿＿＿＿＿＿

請說出對本書的其他意見：

大田出版有限公司編輯部 感謝您！